Objektorientierte Technologien

David A. Taylor

Objektorientierte Technologien

```
INPRO Innovationsgesellschaft für
fortgeschrittene Produktionssysteme
    in der Fahrzeugindustrie mbH
          - Bibliothek -
Signatur
              181
```

ADDISON-WESLEY

Bonn • München • Paris • Reading, Massachusetts
Menlo Park, California • New York Don Mills, Ontario
Wokingham, England • Amsterdam • Milano • Sydney
Tokyo • Singapore • Madrid • San Juan
Seoul • Mexico City • Taipei, Taiwan

Die Deutsche Bibliothek – CIP-Einheitsaufnahme

Taylor, David A.: Objektorientierte Technologien.
Ein Leitfaden für Manager / David A. Taylor. –
Bonn ; München ; Paris [u.a.] : Addison-Wesley, 1992
  ISBN 3-89319-436-3

© 1992 Addison-Wesley (Deutschland) GmbH
1. Auflage 1992

Satz und Layout: Alexandra Kugge für someTimes, München
Belichtung: Synergy Verlag Belichtungsservice, München
Druck und Bindearbeiten: Bercker Graph. Betriebe, Kevelaer
Herstellung: Margrit Müller, Starnberg
Umschlaggestaltung: Grafik-Design Hommer, München

Das verwendete Papier ist aus chlorfrei gebleichten Rohstoffen hergestellt und alterungsbeständig. Die Produktion erfolgt mit Hilfe von umweltschonender Technologie und strengsten Umweltauflagen in einem geschlossenen Wasserkreislauf unter Wiederverwendung unbedruckter, zurückgeführter Papiere aus eigener Produktion.

Text, Abbildungen und Programme wurden mit größter Sorgfalt erarbeitet. Verlag, Übersetzer und Autoren können jedoch für eventuell verbliebene fehlerhafte Angaben und deren Folgen weder eine juristische Verantwortung noch irgendeine Haftung übernehmen.
Die vorliegende Publikation ist urheberrechtlich geschützt. Alle Rechte vorbehalten. Kein Teil dieses Buches darf ohne schriftliche Genehmigung des Verlages in irgendeiner Form durch Fotokopie, Mikrofilm oder andere Verfahren reproduziert oder in eine für Maschinen, insbesondere Datenverarbeitungsanlagen, verwendbare Sprache übertragen werden. Auch die Rechte der Wiedergabe durch Vortrag, Funk und Fernsehen sind vorbehalten.
Die in diesem Buch erwähnten Software- und Hardwarebezeichnungen sind in den meisten Fällen auch eingetragene Warenzeichen und unterliegen als solche den gesetzlichen Bestimmungen.

ISBN 3-89319-436-3

Geleitwort

Objektorientierte Technologie ist die spannendste und zugleich die am wenigsten verstandene Software von heute. Angesichts der massiven Übertreibungen sowohl von Seiten der Medien als auch der Hersteller ist es für Manager schwer, das tatsächliche Potential dieser Technologie einzuschätzen und zu bewerten. Dieses Problem ist für uns von größter Bedeutung. Bei Servio erachten wir objektorientierte Technologie als einen bedeutenden Schritt hin zur Industrialisierung von Software, dabei wird die Programmierung von einer »geheimnisvollen Kunst« in einen systematischen Herstellungsprozeß umgewandelt. Wichtig für diese Transformation ist es, daß der leitende Manager des Unternehmens selbst diesen Prozeß verstehen und ihn unterstützen kann.

Die Industrie braucht jetzt eine klare, unkomplizierte Erklärung der objektorientiertem Technologie auf Management-Ebene, mit einer soliden Einschätzung der realen Kosten und Vorzüge. Als einer der führenden Innovatoren der objektorientierten Technologie ist Servio prädestiniert, diese Erklärung zu liefern. Wir haben unsere Mittel hierfür eingesetzt, um der gesamten Industrie einen Dienst zu erweisen und nicht, um für unsere eigenen Produkte zu werben. Wir sind davon überzeugt, daß mit einer deutlichen Erklärung dieser Entwicklung jedem gut gedient ist. Was Sie jetzt vor sich haben, ist unser Beitrag zu Ihrer Weiterbildung: eine sinnvolle Erläuterung der Konzepte und Themen der objektorientierten Technologie. Wir hoffen, daß David A. Taylors klare, verständliche Abhandlung Klarheit über diese Technologie bringen wird und Sie dadurch befähigt, fundierte Entscheidungen über die Einführung dieser Technologie in Ihrem Unternehmen zu treffen.

Danksagung

Die Servio Corporation bedankt sich bei Dan Doernberg, CEO der Computer Literacy Bookshops, der maßgeblich daran beteiligt war, daß Addison-Wesley auf dieses Buch aufmerksam wurde. Das Geschäft Computer Literacy's San Jose war das erste Geschäft, das dieses Buch in seinem Sortiment hatte, noch bevor es von Addison-Wesley publiziert wurde.

Inhaltsverzeichnis

	Einleitung	11
Kapitel 1	**Überwindung der Software-Krise**	13
	Die Software-Krise	13
	Wie Software hergestellt wird	14
	Programmentwicklung	15
	Modulare Programmierung	15
	Strukturierte Programmierung	17
	Computer-Aided Software-Engineering (CASE)	18
	Sprachen der 4. Generation	20
	Informationsverwaltung	20
	Daten in Programmen	21
	Daten außerhalb von Programmen	23
	Gemeinsam benutzte Daten	24
	Der objektorientierte Ansatz	28
Kapitel 2	**Drei Schlüssel zur objektorientierten Technologie**	31
	Objekte	32
	Modellierung physikalischer Objekte	32
	Das Innere von Objekten	33
	Nachrichten	35
	Klassen	37
	Klassen als Schablonen	37
	Vererbung von Klasseninformationen	39
	Klassenhierarchien	40
	Programmieren mit Objekten	42
	Zwei Beispielsprachen	42
	Software als Simulation	43
	Zusammenbau von Objekten	44
	Was der Ansatz verspricht	45
Kapitel 3	**Objekte: Natürliche Bausteine**	47
	Bausteine der Natur	47
	Die Anatomie eines Objekts	50

	Verbergen von Informationen	50
	Änderungen werden einfach	52
	Die Mächtigkeit der abstrakten Datentypen	53
	Abstrakte Datentypen	53
	Objekte als abstrakte Datentypen	54
	Zusammengesetzte Objekte zur Erhöhung des Abstraktionsniveaus	56
	Das Ideal der organischen Systeme	58
Kapitel 4	**Nachrichten aktivieren Objekte**	**61**
	Die Anatomie einer Nachricht	61
	Wie Nachrichten geschrieben werden	61
	Antworten auf Nachrichten	63
	Die Wiederverwendung von Namen	64
	Überfrachtung von Namen	65
	Überfrachtung hilft, Information zu verstecken	68
	Die Macht des Polymorphismus	69
Kapitel 5	**Klassen bringen Ordnung in die Objekte**	**71**
	Die Anatomie einer Klasse	72
	Arbeitsteilung	72
	Wie ein Objekt Methode oder Variablen findet	73
	Beziehungen zwischen Klassen	76
	Bevorzugung der Ausnahme	76
	Virtuelle Klassen	79
	Mehrfachvererbung	80
	Konstruktion von Klassenhierarchien	84
Kapitel 6	**Eine neue Generation von Datenbanken**	**87**
	Konservierung von Objekten	88
	Speicherung von Objekten in Dateien	88
	Speicherung von Objekten in Datenbanken	89
	Objekt-Datenbanken	92
	Speichern komplexer Informationen	93
	Zusammengesetzte Objekte unterstützen komplexe Strukturen	93
	Abstraktion in Objekt-Datenbanken	95
	Flexibilität durch Sonderfälle	96

	Laden komplexer Daten	98
	Das Erstellen intelligenter Datenbanken	101
	Passive und aktive Datenbanken	101
	Die Vereinfachung des Datenbankzugriffs	103
	Selbstüberwachung der Daten	106
	Anwendungen in Objekt-Datenbanken	108
	Intelligente Datenbanken	110
	Die Rolle einer aktiven Datenbank	111
Kapitel 7	**Die Mächtigkeit von Objekten in der Praxis**	**113**
	Eine industrielle Revolution für die Software	113
	Industrie als Handwerk	113
	Eine neue Vorgehensweise bei der Herstellung	115
	Ein Paradigmenwechsel in der Software	116
	Der Vorteil wiederverwendbarer Komponenten	117
	Der Entwurf wiederverwendbarer Objekte	118
	Klassen, die in den objektorientierten Sprachen enthalten sind	120
	Klassen von externen Anbietern	121
	Erstellen eigener Klassen	121
	Ein neuer Ansatz bei der Software-Erstellung	122
	Schaffen von Lösungen direkt aus Objekten	123
	Die Stärke liegt im Modell	124
	Schnelles Prototyping	128
	Evolutionäre Systeme	131
Kapitel 8	**Abschätzung der Risiken und der Vorteile**	**135**
	Mögliche Vorteile	135
	1. Beschleunigte Entwicklung	136
	2. Höhere Qualität	137
	3. Einfachere Wartung	138
	4. Reduzierte Kosten	138
	5. Verbesserte Normierung	139
	6. Verbesserte Informationsstrukturen	140
	7. Verbesserte Anpassungsfähigkeit	141

	Mögliche Nachteile	141
	1. Die Ausgereiftheit der Technologie	142
	2. Standards werden benötigt	143
	3. Die Notwendigkeit besserer Werkzeuge	143
	4. Ausführungsgeschwindigkeit	144
	5. Verfügbarkeit qualifizierten Personals	145
	6. Kosten der Umstellung	146
	7. Unterstützung höchster Modularität	147
	Ausgewogenheit	148
	Anzeichen für das Reifen	148
	Die Entscheidung für einen Versuch	149
	Erstellung eines Pilotprojekts	150
	Das Fazit	151
Kapitel 9	**Die Zukunft der Software**	153
	Zusammengewürfelte Software	153
	Die Kombination von Programmen und Datenbanken	156
	Der Beginn der Unternehmens-Modellierung	159
Anhang A	**Zusammenfassung der Schlüsselkonzepte**	163
	Objekte	163
	Nachrichten	164
	Klassen	165
Anhang B	**Glossar**	167
Anhang C	**Informationen über GemStone**	177
	Unterstützung des Objekt-Paradigmas	177
	Flexibilität für eine sich permanent verändernde Welt	177
	Stichwortverzeichnis	

EINLEITUNG

Dieses Handbuch führt einen neuartigen Ansatz zur Erstellung von Software-Systemen ein: die objektorientierte Technologie. Ziel dieses Buches ist es, Ihnen zu helfen, fundiertere Entscheidungen für einen Einsatz von objektorientierten Technologien in Ihrem Unternehmen zu treffen.

Dieses Buch stellt die objektorientierte Technologie vor

Anders als die meisten Bücher über dieses Thema ist dieses Handbuch speziell für Manager und nicht für Entwickler geschrieben. Ich habe die technischen Details auf ein Minimum reduziert und Fachbegriffe nur dann eingeführt, wenn damit die Technologie erklärt werden mußte. Ich nehme nicht an, daß Sie wissen, wie man einen Computer programmiert oder daß Sie ihn benutzen können, aber ich setze voraus, daß Sie grundsätzlich mit Computern und ihrem Einsatz in der Industrie vertraut sind.

Es wendet sich hauptsächlich an Manager

Um Ihnen bei Ihrer Entscheidungsfindung zu helfen, habe ich versucht, über den Werberummel, der die objektorientierten Technologien umgibt, hinauszugehen, um einen klaren Blick auf die Vor- und Nachteile zu ermöglichen. Außerdem wird hier kein spezielles Produkt, keine besondere Sprache oder keine spezielle Definition von objektorientierter Technologie propagiert. Es werden einzig und allein gute Managementlösungen vorgestellt.

Es bietet eine objektive Betrachtung

Mein Hauptinteresse gilt der Entwicklung der wirtschaftlichen Aspekte der objektorientierten Lösungen und nicht der Technologie um ihrer selbst willen. Zwangsläufig habe ich dabei einige schwierige technische Details außer acht gelassen und beschreibe stattdessen vereinfacht die wesentlichen Konzepte. Das Ergebnis ist in erster Linie eine praktische Entscheidungshilfe und nicht eine weitere streng theoretische Analyse.

Dieses Buch orientiert sich an wirtschaftlichen Aspekten

EINLEITUNG

Sie können dieses Buch selektiv lesen

Wenn Ihr Interesse der Auswahl der richtigen Werkzeuge und der Leitung objektorientierter Projekte gilt, sollten Sie das Handbuch ganz lesen. Falls Sie einen groben Überblick bevorzugen, lesen Sie bitte Kapitel 1 und 2, die in die Basiskonzepte einführen, und blättern Sie dann zum Ende des Buches und lesen Kapitel 7, 8 und 9, die eine Anwendung in der Praxis zeigen. An den äußeren Seitenrändern befinden sich Kurzkommentare, eine Art »Überholspur«, die Sie benutzen können, um einen schnellen Überblick zu erhalten und bestimmte Abschnitte zum genaueren Lesen auswählen zu können.

Es gibt auch ein Glossar und eine Zusammenfassung der Schlüsselkonzepte

Das Handbuch enthält außerdem ein Glossar und eine Zusammenfassung der Schlüsselbegriffe. Das Glossar definiert alle Begriffe, die in **Fettschrift** erscheinen. Die Zusammenfassung der Schlüsselkonzepte beschreibt in knappen Worten, was ich als die zehn wichtigsten Konzepte der objektorientierten Technologie erachte.

KAPITEL 1
Überwindung der Software-Krise

Moderne Unternehmen sind mit einem grundlegenden Dilemma konfrontiert: sie werden zunehmend zu informationsbasierten Organisationen und damit abhängig von einem kontinuierlichen Datenfluß für jede ihrer Handlungen. Bis jetzt können sie jedoch diese Datenflut nur unzureichend bewältigen, da das Informationsvolumen schneller wächst als die Verarbeitungskapazität. Das Ergebnis: Unternehmen ersticken in ihrer eigenen Datenflut.

Unternehmen werden von Daten überschwemmt

Das Problem liegt nicht in der Hardware – Geschwindigkeit und Speicherkapazität der Computer wachsen mit phänomenaler Geschwindigkeit. Die Software verursacht das Scheitern. Software zu entwickeln, die das Potential der heutigen Computer ausschöpft, ist eine weit größere Herausforderung, als schnellere Maschinen zu bauen.

Die Tücke liegt in der Software

Die Software-Krise

Die Lücke zwischen den Möglichkeiten der Hardware und der Leistungsfähigkeit der Software wird ständig größer. Diese Verschwendung wirkt sich auf jeden DV-Nutzer aus, stellt aber vor allem eine Belastung der Großunternehmen dar, die davon abhängig sind, wie gut ihnen gelingt, große zusammenhängende Informationssysteme aufzubauen. Selten wird ein Softwareprojekt in der dafür vorgesehenen Zeit fertig, und schon gar nicht zu den kalkulierten Kosten. Schlimmer noch ist es, daß die mit so hohem Aufwand entwickelten Systeme gespickt sind mit Fehlern und zugleich so starr strukturiert sind, daß es fast unmöglich ist, sie ohne eine völlige Restrukturierung zu verändern.

Die meiste Software wird zu spät und zu teuer geliefert

KAPITEL 1

Wir brauchen bessere Software und wir brauchen sie schneller	Zusammen mit der steigenden Anzahl von Veränderungen im heutigen Geschäftsleben ergibt das ein totales Desaster. Meistens ist die im Unternehmen eingesetzte Software schon veraltet, bevor sie richtig zum Einsatz kommt und sie ist für gewöhnlich nicht in der Lage, zukünftige Anforderungen zu erfüllen. Studien zu diesem Problem haben gezeigt, daß in einigen Fällen weniger als 5 % aller Software-Entwicklungsprojekte tatsächlich zum Einsatz kommen, der Rest wird zur Überarbeitung zurückgegeben, wird nach der Auslieferung aufgegeben oder niemals fertiggestellt.
Das ist die Software-Krise	Diese Situation ist in der Industrie als Software-Krise bekannt. Das ist ein sehr schwerwiegendes Problem und bedroht das Überleben aller modernen, informationsbasierten Unternehmen. Die Bewältigung dieser Krise ist zu einem der wichtigsten Anliegen von Konzernen in der ganzen Welt geworden.

Wie Software hergestellt wird

Die Herstellung besserer Software ist eine große Herausforderung	Offensichtlich liegt hier etwas im Argen. Auch in der Vergangenheit hat man versucht, die Techniken der Software-Erstellung zu verbessern. Es hat uns Jahre gekostet zu verstehen, wie schwer es ist, gute Software zu entwickeln. Die Entwicklung robuster, großer Software-Systeme, die sich den wechselnden Anforderungen anpassen, stellt eine der wichtigsten Herausforderungen der modernen Technologie dar.
Es gibt viele Antworten auf diese Herausforderung	Der Rest dieses Kapitels faßt die meines Erachtens wichtigsten Bemühungen zur Bewältigung dieser Herausforderung zusammen. Im Rückblick auf das, was bisher versucht worden ist, möchte ich vor allem Grundlagen für das Verständnis dafür schaffen, worin sich der objektorientierte Ansatz gegenüber anderen Methoden unter-

Überwindung der Software-Krise

scheidet und weshalb er erfolgreich ist, wo die übrigen versagt haben.

Programmentwicklung

Ein Programm ist nichts weiter als eine Folge von Instruktionen, die einem Computer mitteilen, bestimmte Aktionen auszuführen. Kleinere Programme können aus einer einzigen **Prozedur** bestehen, das ist eine Sequenz von Instruktionen, die die gewünschte Aufgabe erfüllen. Solche Prozeduren werden gewöhnlich von einem einzigen Programmierer geschrieben, der ein Bild der gesamten Prozedur im Kopf hat, Instruktionen von einem Platz zum anderen verschiebt und während der Programmentwicklung selbständig Designentscheidungen trifft. Kleine Gruppen von Programmierern können nach der gleichen Strategie vorgehen, solange alle Mitglieder genügend Kommunikationsmöglichkeiten haben.

Kleine Programme können aus einer einzelnen Prozedur bestehen

Aber größere Programme können nicht als eine einzige Prozedur erstellt werden. Mit dem Wachstum des Programms wächst auch die Anzahl der Programmierer. Bei einer Entwicklergruppe von 10 oder sogar 100 Programmierern wird der Kommunikationsaufwand übergroß. Dann diskutieren so viele Leute über so zahlreiche Wechselwirkungen, daß sie keine Zeit mehr haben, zu programmieren.

Aber dieser Ansatz funktioniert nicht für größere Systeme

Modulare Programmierung

Im Prinzip ist die Lösung dieses Problems einfach: große Programme werden in kleinere Komponenten zerlegt, die unabhängig voneinander konstruiert und dann zu einem vollständigen Programm zusammengefügt werden können. Diese Vorgehensweise ist bekannt als **modulare Program-**

Größere Systeme erfordern modulare Programmierung

mierung und war das Prinzip der meisten Fortschritte in der Software-Erstellung in den vergangenen 40 Jahren.

Unterprogramme unterstützen die modulare Programmierung

Der wichtigste Schritt zur modularen Programmierung war in den frühen 50er Jahren die Erfindung des Unterprogramms. Ein Unterprogramm ist eine Menge von Instruktionen, die aus dem Hauptprogramm herausgelöst werden und einen eigenen Namen erhalten. Einmal definiert, kann das Unterprogramm einfach durch die Integration seines Namens im Programm jederzeit aufgerufen werden. Unterprogramme unterstützen die natürliche Arbeitsteilung: verschiedene Programmierer schreiben mehrere Unterprogramme und fügen die fertigen Unterprogramme zu einem funktionsfähigen Programm zusammen.

Unterprogramm, das von zwei Stellen aus aufgerufen wird

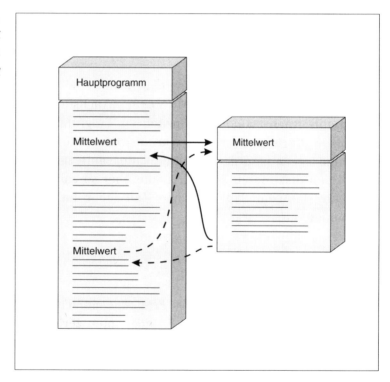

Überwindung der Software-Krise

Obwohl Unterprogramme die Basismechanismen der modularen Programmierung unterstützen, ist viel Disziplin erforderlich, um sauber strukturierte Software zu entwickeln. Ohne diese Disziplin ist es nur zu einfach, quälend komplizierte Programme zu schreiben, die resistent gegen Veränderungen, schwer zu verstehen und nahezu unmöglich zu pflegen sind. Dies ist während der Entstehungsjahre der Software-Industrie nur allzu oft geschehen.

Aber: Modulares Programmieren erfordert Disziplin

Strukturierte Programmierung

In den späten 60er Jahren löste die allgemein schlechte Qualität der Software unter den Informatikern eine konzertierte Aktion aus, einen disziplinierten, konsistenten Programmierstil zu entwickeln. Das Ergebnis war die Verfeinerung der modularen Programmierung zur sogenannten strukturierte Programmierung.

Strukturierte Programmierung garantiert diese Disziplin

Die strukturierte Programmierung stützt sich auf die **funktionale Zerlegung**, eine top-down-Methode für den Programm-Entwurf, bei der das Programm systematisch in Komponenten zerlegt wird, wovon jede einzelne wiederum in Unterkomponenten zerlegt wird (und so weiter), bis hinab auf die Ebene der individuellen Unterprogramme. Voneinander getrennt arbeitende Teams schreiben verschiedene Komponenten, die später zu einem vollständigen Programm zusammengefügt werden.

Die funktionale Zerlegung spielt dabei eine zentrale Rolle

Strukturiertes Programmieren hat in den letzten 20 Jahren zu signifikanten Qualitätsverbesserung der Software beigetragen, dennoch werden seine Grenzen heute schmerzhaft deutlich. Eines der ernstesten Probleme besteht darin, daß es kaum möglich ist, das Design eines vollständigen Systems vorauszusehen, bevor es tatsächlich implementiert worden ist. Wenn die Programmierung angelaufen ist, verkehrt sich oft das, was man als gute Arbeitsteilung ein-

Strukturiertes Programmieren ist nützlich, unterliegt aber gewissen Grenzen

geschätzt hatte, zu einer falschen Zuordnung von Problemen an die einzelnen Module, so daß das gesamte Programm vollständig überarbeitet werden muß. Je größer das System, desto häufiger müssen diese Umarbeitungen stattfinden.

Programm mit zwei Verschachtelungsebenen

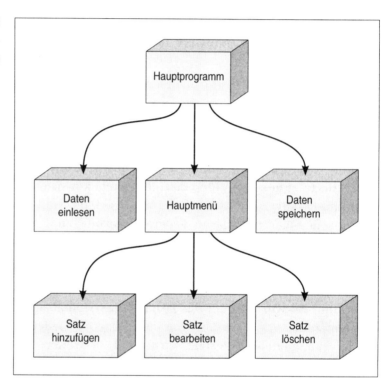

Computer-Aided Software-Engineering (CASE)

CASE automatisiert die strukturierte Programmierung

Die neueste Erfindung im Bereich des strukturierten Programmierens ist das computergestützte Software-Engineering (Computer-Aided Software-Engineering, CASE). Mit CASE übernimmt der Computer den Prozeß der funktionalen Zerlegung: grafisch werden in verschachtelten Diagrammen Unterprogramme spezifiziert und alle

Überwindung der Software–Krise

Schnittstellen auf ihre korrekte Spezifikation hin überprüft. Fortgeschrittene CASE-Systeme können heute vollständige, lauffähige Programme aus diesen Diagrammen erstellen, sobald alle Entwurfs-Informationen eingegeben sind.

Programm-erstellung mit CASE

Befürworter von CASE preisen die automatische Programm-erzeugung durch Entwurfs-Diagramme als einen der wichtigsten Durchbrüche in der Software-Entwicklung. Doch der Prozeß ist nicht annähernd so automatisiert wie es auf den ersten Blick erscheint. Tatsache ist, daß ein CASE-Tool überhaupt keine Software erzeugt, sondern einfach das Design eines Systems von einer grafischen in eine textuelle Form übersetzt. Erfahrungen zeigen, daß die Entwicklung eines vollständigen grafischen Designs für

Es hilft, reicht aber nicht aus

Sprachen der 4. Generation

4GL können Programme automatisch erzeugen

Ein weiterer Ansatz zur automatischen Programmierung sind die **Sprachen der vierten Generation** die so bezeichnet sind, um sich von den konventionellen Sprachen der "dritten Generation" zu unterscheiden, die bereits besprochen wurden. 4GLs (fourth generation language,) große Anzahl an Werkzeugen, die die Routineanwendungen, wie etwa die Datenauswertung oder Menüs, automatisieren.

Aber sie funktionieren nur für einfache, gut aufgearbeitete Probleme

4GLs bieten eine Menge an Vorzügen, insbesondere können sogar Nicht-Programmierer sie benutzen. Ein Nachteil von 4GLs ist, daß sie lediglich sehr einfache Programme erzeugen und das auch nur für gut aufgearbeitete Probleme. Der Programmierer dieser Programme kann sie von Hand verändern, um sie zu spezialisieren, doch können die 4 GLs dann nicht mehr für die Wartung des so modifizierten Programms verwendet werden. So nützlich sie auch scheinen, sind sie letztlich doch nur für die simpelsten Applikationen einsetzbar.

Informationsverwaltung

Modularisierung konzentriert sich auf Unterprogramme

Die meisten Versuche, die Software-Entwicklung zu verbessern, zielten auf die Modularisierung von Unterprogrammen. Aber eine weitere Komponente der Software, wenngleich weniger offensichtlich, ist nicht weniger von Bedeutung. Sie besteht aus den Daten, einer Sammlung von Informationen, die von den Prozeduren verarbeitet werden.

Überwindung der Software-Krise

Mit der jahrelangen Entwicklung der Techniken der modularen Programmierung stellte sich heraus, daß die Daten selbst ebenfalls modularisiert werden müssen.

Auch die Daten müssen modularisiert werden

Daten in Programmen

Benötigt ein Programm lediglich wenige Daten, können diese sicher für die verschiedenen Unterprogramme, aus denen das Programm besteht, verfügbar gemacht werden. Dieses Arrangement ist sehr praktisch für Programmierer, da diese Datensammlung eine gemeinsame "Schreibtafel" darstellt, auf der die verschiedensten Unterprogramme – ganz nach Bedarf – Informationen austauschen können.

Unterprogramme können kleine Datenmengen gemeinsam benutzen

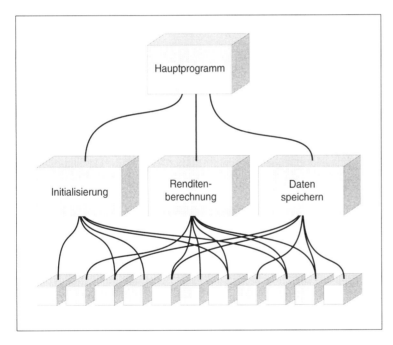

Gemeinsam benutzte Daten mit mehreren Unterprogrammen

KAPITEL 1

Aber die gemeinsame Benutzung von zuvielen Daten führt zu Problemen

Wenn aber die Menge der Daten in die Hunderte oder Tausende steigt, führen diese einfachen Lösungen zu mysteriösen Fehlern und unvorhersehbarem Verhalten. Unglücklicherweise verletzt dieses Datenarrangement das Prinzip der modularen Programmierung, das die größtmögliche Unabhängigkeit der einzelnen Module voneinander fordert. Erlaubt man den Modulen die freie Kommunikation über die gemeinsamen Daten, so sind alle Aktionen irgendeines Moduls direkt abhängig von dem Verhalten aller anderen Module. Als Folge daraus wird der gemeinsam genutzte Datenpool zur Schwachstelle der Rüstung, die die strukturierte Programmierung um das Unterprogramm gebaut hat.

Lokale Daten in Unterprogrammen

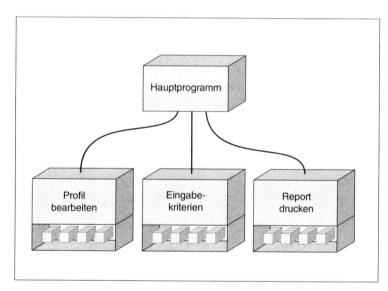

Die Lösung liegt im Verstecken von Informationen

Die Lösung dieses Problems liegt darin, die Daten gemeinsam mit den Prozeduren zu modularisieren. Normalerweise geschieht dies, indem man jedem Unterprogramm seinen eigenen lokalen Datenspeicher gibt, den es nur selbst lesen und schreiben kann. Diese Strategie des Versteckens von Informationen, engl. **Information hiding**, minimalisiert unerwünschte Kommunikationen zwischen den Unterprogrammen und erlaubt, sie unabhängiger zu entwerfen und zu warten.

Daten außerhalb von Programmen

Kleine Programme benötigen oft nur ein paar Eingabedaten und erzeugen Ausgaben zur sofortige Verwertung. Ein Programm zur Kalkulation von Amortisationstabellen, beispielsweise, akzeptiert per Tastatur einen Grundwert und eine Amortisationsperiode, um dann sofort eine Seite mit Berechnungen auszudrucken. Programme dieser Art benötigen keinen Datenspeicher, da sie immer nur mit neuen Informationen arbeiten.

Einige Programme brauchen keine Daten zu konservieren

Größere Programme dagegen arbeiten gewöhnlich immer und immer wieder mit denselben Informationen. Lagerhaltungsprogramme, Buchhaltungssysteme und Designwerkzeuge für den Ingenieur könnten nicht funktionieren, wenn sie keine Möglichkeit hätten, Informationen zwischen den einzelnen Programmläufen zu speichern.

Aber die meisten großen Programme müssen Daten wiederholt benutzen

Die einfachste Lösung dieses Problems der Datenverwaltung ist ein Programm, das die Daten in einer externen Datei verwaltet. Bei Beendigung eines Programmdurchlaufs schreibt es die Daten in diese externe Datei. Beim Starten des Programms lädt es seine Daten wieder aus dieser Datei. Die Nutzung einer externen Datei erlaubt es dem Programm, auch mit mehr Informationen zu arbeiten, als intern gehalten werden können, indem immer nur kleine Portionen gelesen und geschrieben werden.

Daten können einfach in Dateien aufbewahrt werden

Kapitel 1

Datenzugriff eines Programms

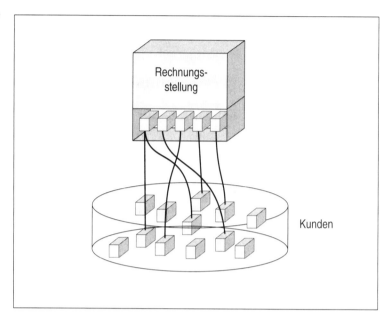

Aber das funktioniert nicht, wenn Daten gemeinsam benutzt werden sollen

Solange nur eine einzige Person, die ein einziges Programm benutzt, Zugriff auf die Datei hat, stellen externe Dateien eine adäquate Lösung zur Informationsspeicherung dar. Wenn Daten mehreren Benutzern dienen sollen, tauchen neue Probleme auf.

Gemeinsam benutzte Daten

Gemeinsam benutzte Daten erfordern ein Datenbank-Management-System

Wenn verschiedene Benutzer auf dieselbe Datei zugreifen können, besteht immer die Möglichkeit, daß eine Person Daten verändert, die andere benutzen wollen. Diese Konfusion zu vermeiden, hat sich als ein recht schwieriges technisches Problem herausgestellt, das nicht einfach innerhalb eines simplen Datei-Systems gelöst werden kann. Wenngleich einige ältere Programme noch immer Dateien zur Speicherung von gemeinsamen Informationen nutzen, sind heutzutage die meisten Mehrbenutzer-Systeme auf Spezial-Programmen aufgebaut: sogenannten

Überwindung der Software-Krise

Datenbank Management-Systemen (DBMS), die zum simultanen Zugriff auf gemeinsame Daten entworfen wurden.

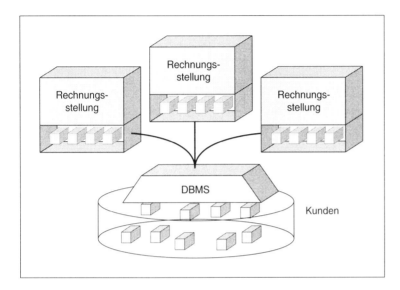

Gemeinsam benutzte Daten in einer Datenbank

Datenbank-Management-Programme vermögen mehr als nur den Zugriff auf die Dateien zu organisieren; sie speichern auch die Beziehungen zwischen den verschiedenen Datenelementen. Die früheste Form von Datenbank-Management-Programmen, bekannt als **hierarchisches Modell**, repräsentiert Datensätze in Baumstrukturen.

Datenbanken enthalten sowohl Strukturen als auch Daten

Zum Beispiel: eine Abteilung speichert Datensätze über die Personalstellen und ihre Ausstattung. Jede Position steht in Beziehung zu einer Liste von Verantwortlichkeiten und zu der Person, welche die Position bekleidet.

*Hierarchisches
Datenbank-Modell*

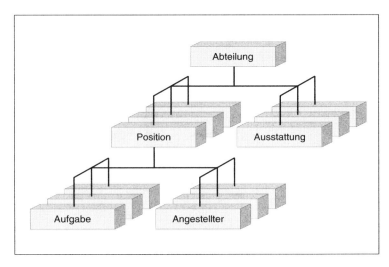

Das Netzwerk-Modell hat das hierarchische Modell erweitert

Eine neuere Art von Datenbanken, das **Netzwerk-Modell**, erlaubt die freie gegenseitige Verbindung von Daten, ohne daß diese in die Baumstruktur passen müssen. Im vorhergehenden Beispiel könnte so jedes Teil der Ausrüstung sowohl mit der Abteilung als auch mit der Liste der für die Nutzung autorisierten Angestellten assoziiert werden. Diese Art der Zuordnung ist innerhalb eines hierarchischen Modells nicht erlaubt.

*Netzwerk-
Datenbank-Modell*

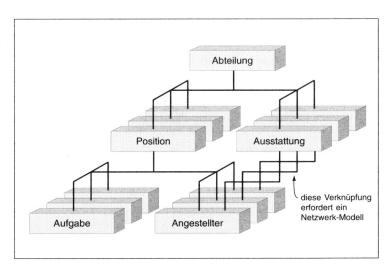

Überwindung der Software-Krise

Die hierarchischen Datenbank-Modelle und die Netzwerk-Datenbank-Modelle machen das Darstellen komplexer Beziehungen zwischen den Datenelementen einfach, aber das hat seinen Preis: ein anderer Zugriff auf die Daten als durch die Beziehungen vordefiniert, ist langsam und uneffizient. Schlimmer noch, die Datenstrukturen sind schwer zu modifizieren; das Ändern dieser Strukturen bedarf eines System-Administrators, der die Datenbank schließt und neu aufbaut.

Feste Datenstrukturen verringern die Flexibilität

Eine neuere Form des Datenbank-Managements, das **relationale Modell**, vermeidet diese Probleme durch Entfernen der Information über komplexe Beziehungen aus der Datenbank. Alle Daten werden in einfachen Tabellen gespeichert. Die grundlegenden Beziehungen zwischen den Datensätzen werden sie Referenzen auf Werte in anderen Tabellen dargestellt. Zum Beispiel: jeder Eintrag in der Ausrüstungstabelle beinhaltet einen Wert, der anzeigt, zu welcher Abteilung er gehört.

Das relationale Modell speichert wenig Strukturen

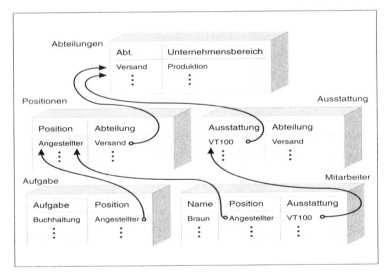

Relationales Datenbank-Modell

Strukturen zu entfernen, verursacht auch Kosten

Wenngleich das relationale Modell sehr viel flexibler als seine Vorgänger ist, hat diese Flexibilität ihren Preis. Die Information über komplexe Beziehungen, die aus der Datenbank entfernt wurde, muß nun in jedem Programm, das auf die Datenbank zugreift, als Prozedur ausgedrückt werden. Dies ist eine eindeutige Verletzung der von der Modularität geforderten Unabhängigkeit. Es gibt außerdem eine Geschwindigkeitseinbuße, denn bei jedem Datenzugriff müssen die Originalstrukturen erneut zusammengesetzt werden.

Der objektorientierte Ansatz

Keine dieser Bemühungen hat die Software-Krise gelöst

Trotz aller Anstrengungen, bessere Möglichkeiten der Programmerstellung zu finden, verschlimmert sich die Software-Krise mit jedem Jahr. 40 Jahre nach der Erfindung der Unterprogramme müssen Systeme immer noch von Hand – eine Anweisung nach der anderen – entwickelt werden. Wir haben bessere Methoden für diesen Konstruktionsprozeß entwickelt, aber diese Methoden arbeiten innerhalb größerer Systeme nicht zufriedenstellend. Außerdem erstellen diese Methoden für gewöhnlich fehleranfällige Software, die nur schwer zu ändern und zu pflegen ist.

Man benötigt einen neuen Ansatz für die Systemkonstruktion

Wir benötigen einen neuen Ansatz, um Software zu entwickeln: einen, der alle Stolpersteine konventioneller Programmierung hinter sich läßt und tatsächlich einen besseren Weg zur Systemkonstruktion bietet. Dieser neue Ansatz muß in der Lage sein, große Systeme ebensogut zu bewältigen wie kleine und er muß zuverlässige Systeme entwickeln, die flexibel, wartbar und fähig sind, sich den stets wechselnden Anforderungen anzupassen.

Überwindung der Software-Krise

Die objektorientierte Technologie wird diesen Herausforderungen gerecht und kann sogar noch mehr leisten. Der Rest dieses Buchs erklärt, wie diese Technologie funktioniert, und illustriert, wie die damit verbundenen Verbesserungen dort zum Erfolg zu führen, wo andere Methoden versagen.

Der neue Ansatz ist die objektorientierte Technologie

KAPITEL 2
Drei Schlüssel zur objektorientierten Technologie

Dieses Kapitel stellt die drei Schlüssel zum Verständnis der objektorientierten Technologie vor: Objekte, Nachrichten und Klassen. Mein Ziel in diesem Kapitel ist es, Ihnen eine generelle Vorstellung zu vermitteln, wie diese grundlegenden Begriffe sich zum objektorientierten Ansatz zur Software-Entwicklung zusammenfügen. Ich werde in den folgenden drei Kapiteln jeden dieser Gedanken ausführen.

Dieses Kapitel bietet Ihnen einen kurzen Überblick

Eine der Verständnis-Barrieren der objektorientierten Technologie ist das Fachvokabular. Obwohl Teile dieses Vokabulars sich nur als Umgangssprache eingebürgert haben, sind die meisten der Fachbegriffe es wert, erlernt zu werden, da sie sich auf Konzepte beziehen, die einzigartig sind.

Es gibt viele neue Begriffe

Es ist tatsächlich möglich, mit nur zehn Grundbegriffen fließend »Objekt-Sprache« zu sprechen: Objekt, Methode, Nachricht, Klasse, Unterklasse, Exemplar, Vererbung, Verkapselung, Abstraktion und Polymorphie. Der Einfachheit halber sind diese zehn Konzepte im Anhang dieses Buches erläutert. Auch die neu eingeführten, fett gedruckten Begriffe sind im Glossar erklärt; Sie können also immer zum Ende dieses Buches blättern, falls Ihnen einmal die Bedeutung eines Begriffs entfallen sein sollte.

Aber es reichen zehn zum Verständnis

Kapitel 2

Objekte

Simula war die erste objektorientierte Sprache

Wenngleich die objektorientierte Technologie erst vor kurzem in Erscheinung trat, sie existiert bereits seit zwanzig Jahren. Beinahe alle Basiskonzepte des objektorientierten Ansatzes wurden durch die Programmiersprache **Simula** eingeführt, die in Norwegen während der späten 60er Jahre entwickelt worden ist.

Modellierung physikalischer Objekte

Simula wurde für die Simulation von Prozessen der realen Welt entworfen

Simula, ein Akronym für »Simulations-Sprache« (SIMulation LAnguage), wurde zur Computer-Simulation von Vorgängen der realen Welt entwickelt. Die Autoren von Simula, O.J.Dahl und Kristen Nygaard, wollten ein exaktes, funktionsgerechtes Modell von komplexen physikalischen Systemen entwickeln, das viele Tausende von Komponenten enthalten kann.

Simula-Module basieren auf physikalischen Objekten

Schon in den 60er Jahren wurde deutlich, daß modulares Programmieren essentiell für das Entwickeln komplexer Systeme ist, und Modularisierung spielt in Simula eine zentrale Rolle. Das Besondere an Simula ist die Art und Weise, wie Module definiert werden. In Simula basieren die Module nicht wie beim konventionellen Programmieren auf Prozeduren, sondern auf physikalischen Objekten, die für die Simulation modelliert werden.

Das ist eine natürliche Art, Module zu definieren

Diese Entwicklung ist sinnvoll, weil die Objekte in der Simulation eine einfache, natürliche Lösung des Problems darstellen. Jedes Objekt hat ein modellierbares Verhalten, und jedes enthält einige Informationen über seinen eigenen Zustand. Warum soll man nach einer anderen Art der Bündelung von Prozeduren und Daten suchen, wenn das Problem sie bereits organisiert hat.

Drei Schlüssel zur objektorientierten Technologie

Das Innere von Objekten

Das Konzept von Software-Objekten wurde aus der Notwendigkeit geboren, Objekte der realen Welt durch Computersimulation nachzubilden. Ein **Objekt** ist ein Software-»Paket«, das eine Anzahl von Prozeduren und Daten beinhaltet, die zusammengehören. Beim objektorientierten Ansatz werden Prozeduren mit dem Begriff **Methoden** bezeichnet. Im Sinne der traditionellen Programmier-Terminologie werden die Datenelemente **Variablen** genannt, da ihre Werte jederzeit variieren können.

Software-Objekte kombinieren Prozeduren und Daten

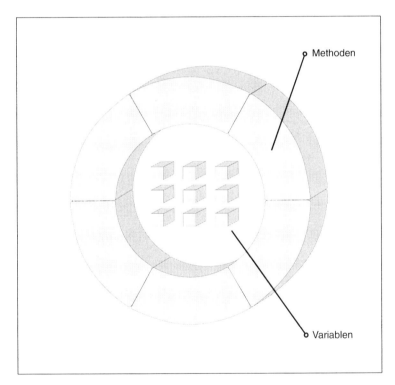

Ein Objekt

Beispiel: Modell eines führerlosen Fahrzeugs

Überlegen Sie z.B. wie Sie ein automatisch gesteuertes Fahrzeug (AGF) in einer Fabriksimulation darstellen würden. Das Fahrzeug verfügt über eine Vielzahl von Verhaltensweisen, etwa die Fortbewegung von einer zur anderen Stelle oder das Laden und Entladen seines Ladeguts. Es muß auch Informationen enthalten, sowohl über seine konstruktionsbedingten Eigenschaften (Palettengröße, Hubkraft, Höchstgeschwindigkeit u.s.w.) als auch über seinen aktuellen Zustand (Ladegut, Position, Richtung und Geschwindigkeit).

Simulation umfaßt Aktionen und Zustände

Um ein solches Fahrzeug als ein Objekt darzustellen, beschreibt man seine Verhaltensweisen als Methoden und seine Charakteristiken als Variablen. Während der Simulation führt das Objekt seine verschiedenen Methoden aus und ändert dabei seine Variablen gemäß den Erfordernissen und Ergebnissen der Aktionen.

Ein automatisch gesteuertes Fahrzeug

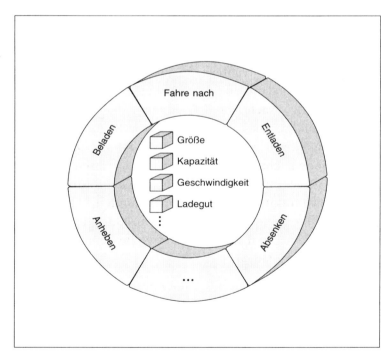

Drei Schlüssel zur objektorientierten Technologie

Das Konzept des Objektes ist einfach und leistungsfähig. Objekte eignen sich ideal als Software-Module, weil sie unabhängig voneinander definiert und gewartet werden können, wobei jedes Objekt ein in sich geschlossenes Universum darstellt. Alles was ein Objekt »weiß«, wird in seinen Variablen ausgedrückt. Alles was es kann, drückt sich in seinen Methoden aus.

Objekte sind ausgezeichnet als Softwaremodule geeignet

Nachrichten

Objekte der realen Welt können in unbegrenzter Vielfalt aufeinander wirken: erzeugen, zerstören, anheben, anheften, kaufen, biegen, senden usw. Diese erschreckende Vielfalt wirft ein interessantes Problem auf: wie können all diese verschiedenen Arten von Interaktionen in der Software dargestellt werden?

Objekte können in vielfältiger Art miteinander kommunizieren

Die Autoren von Simula fanden eine elegante Lösung für dieses Problem: die Nachricht. Die Art und Weise wie Objekte miteinander interagieren, besteht im Zusenden von Nachrichten, die zur Ausführung von Methoden auffordern. Eine **Nachricht** ist einfach der Name eines Objekts, gefolgt von dem Namen einer Methode, die das Objekt ausführen soll. Falls eine Methode zusätzliche Informationen benötigt, um genau zu wissen, was zu machen ist, enthält die Nachricht diese Information als eine Ansammlung von Datenelementen, **Parameter** genannt. Das Objekt, das eine Nachricht initiiert, wird **Sender** genannt, und das Objekt, welches eine Nachricht erhält, heißt **Empfänger**.

Diese Interaktionen werden über Nachrichten gesteuert

Um z.B. ein automatisiertes Fahrzeug von einer Stelle zur anderen zu bewegen, könnten einige andere Objekte ihm eine Nachricht senden.

Beispiel: Bewegung eines automatischen Fahrzeugs

Fahrzeug104 fahrenach BehälterB7

In diesem Beispiel ist *Fahrzeug104* der Name des Empfängers, *fahrenach* ist die auszuführende Methode und *BehälterB7* stellt den Parameter dar, der dem Sender mitteilt, wohin er fahren soll.

Nachricht an Fahrzeug104

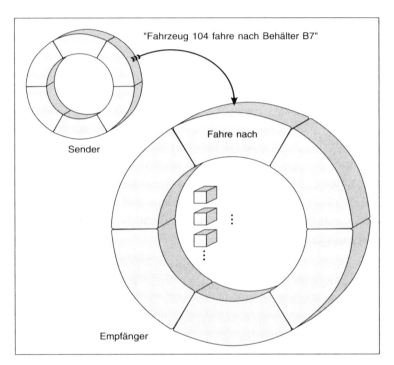

Nachrichten unterstützen alle möglichen Interaktionen

Eine objektorientierte Simulation besteht also aus einer Anzahl von miteinander interagierenden Objekten, die sich Nachrichten zusenden. Da alle Fähigkeiten eines Objektes zur Kommunikation durch seine Methoden ausgedrückt werden, unterstützt dieser einfache Mechanismus alle möglichen Interaktionen zwischen den Objekten.

Drei Schlüssel zur objektorientierten Technologie

Klassen

In manchen Fällen wird für eine Simulation nur ein einziges Exemplar einer bestimmten Objektart benötigt. Im Normalfall werden jedoch mehrere Objekte einer Art benötigt. Eine automatisierte Fabrik könnte beispielsweise eine beliebige Anzahl von ferngesteuerten Fahrzeugen besitzen. Diese Möglichkeit zeigt ein weiteres Problem auf: es wäre höchst uneffizient, stets die gleichen Methoden für jedes einzelne Objekt neu zu definieren.

Es kann viele Objekte der gleichen Art geben

Klassen als Schablonen

Die Autoren von Simula fanden hierfür noch einmal eine elegante Lösung: die Klasse. Eine **Klasse** ist eine Schablone, die Methoden und Variablen innerhalb eines bestimmten Objekttyps definiert. Die Beschreibungen der Methoden und der dazugehörigen Variablen erfolgt nur einmal: durch die Definition in der Klasse. Die Objekte, die zu einer Klasse gehören, werden auch **Exemplare** einer Klasse genannt, und beinhalten nur spezielle Werte für die einzelnen Variablen.

Klassen definieren Gruppen ähnlicher Objekte

Um mit dem vorhergehenden Beispiel fortzufahren, kann unsere simulierte Fabrik viele automatisierte Fahrzeuge besitzen, von denen jedes die gleichen Handlungen ausführt und dieselbe Art von Informationen verwendet. Die gesamte Menge an Fahrzeugen kann durch eine Klasse, genannt *Automatisierte Fahrzeuge*, dargestellt werden, und diese Klasse beinhaltet die Definitionen ihrer Methoden und Variablen. Das jeweilige Fahrzeug wird als Exemplar dieser Klasse dargestellt und hat einen eigenen Namen (*Fahrzeug101, Fahrzeug102, Fahrzeug103*). Jedes Exemplar enthält Datenwerte über das eigene Ladegut und die aktuelle Position des Fahrzeugs. Erhält ein Fahrzeug die Nachricht zur Ausführung einer Methode, fragt es die Klasse

Beispiel:
Die Klasse automatisiertes Fahrzeug

nach der Definition dieser Methode und wendet diese Methode dann auf die eigenen Datenwerte an.

Eine Klasse und ihre Exemplare

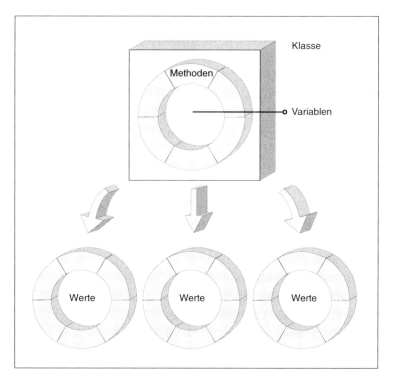

Objekte sind Exemplare von Klassen

Ein Objekt ist also ein Exemplar einer bestimmten Klasse. Seine Methoden und Variablen sind in der Klasse definiert, seine Werte sind im Exemplar selbst festgelegt. Um meine Ausführungen einfach zu halten, spreche ich gewöhnlich über Objekte wann immer es möglich ist, wobei ich auf Klassen und Exemplare nur dann verweise, wenn es wichtig ist, herauszustreichen, wo die Objektinformation tatsächlich gespeichert ist. Wenn ich z.B. sage, daß das Objekt *Fahrzeug104* eine Methode, genannt *fahrenach*, hat, ist dies einfacher und bequemer zu sagen als daß *Fahrzeug104* ein Exemplar einer Klasse ist, die eine Methode namens *fahrenach* definiert.

Drei Schlüssel zur objektorientierten Technologie

Vererbung von Klasseninformationen

Bereits Simula ging beim Klassenkonzept noch einen Schritt weiter: Klassen können als Spezialisierung anderer Klassen definiert werden. Wenn z.B. zwei verschiedene Arten automatisierter Fahrzeuge simuliert werden sollen, besteht die Möglichkeit, eine Fahrzeugklasse detailliert und die andere unter Bezugnahme auf die erste mit zusätzlichen Methoden und Variablen zu spezialisieren. Diese Vorgehensweise war eine frühe Form von Vererbungstechnik. Sie ist heute zu einem zentralen Thema der objektorientierten Technologie geworden.

Klassen können unter Zuhilfenahme anderer Klassen definiert werden

Vererbung ist ein Mechanismus, durch den eine Klasse von Objekten als Spezialfall einer allgemeineren Klasse definiert wird, wobei automatisch die Methoden und Variablendefinitionen der generellen Klasse übernommen werden. Spezialfälle einer Klasse werden **Unterklassen** dieser Klasse genannt, entsprechend nennt man die übergeordneten Klassen **Oberklassen**. Zusätzlich zu den Methoden und Variablen, die sie ererben, können Unterklassen ihre eigenen Methoden und Variablen definieren und damit die geerbten Eigenschaften überschreiben.

Vererbung ist der Mechanismus, der das ermöglicht

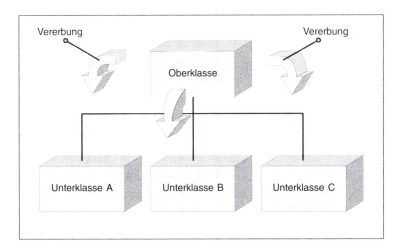

Unterklassen einer Oberklasse

KAPITEL 2

Beispiel: Zum Beispiel kann eine Klasse *automatisiertesFahrzeug* die
Zwei Arten Unterklassen *PalettenAGF* und *RollenAGF* besitzen, von
automatisierter denen jede die generellen Charakteristika aus der Eltern-
Fahrzeuge klasse geerbt hat. Jede Unterklasse kann ihre eigenen, speziellen Merkmale unter Zufügung zur elterlichen Definition oder durch Überschreiben von Verhaltensvorschriften spezifizieren.

Zwei Unterklassen automatisierter Fahrzeuge

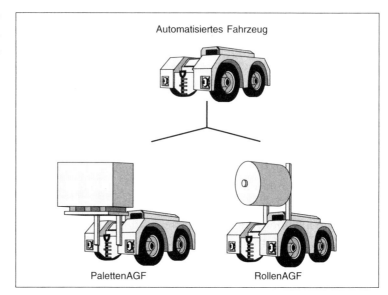

Klassenhierarchien

Damit können Klassen können beliebig geschachtelt werden, dabei
ganze Klassen- pflanzt sich die Vererbung automatisch durch alle Ebenen
hierarchien hindurch fort. Die daraus resultierende baumartige
erstellt werden Struktur wird als **Klassenhierarchie** bezeichnet. Eine beispielsweise als *Bestandteil* betitelte Klasse könnte in bestimmte Arten von Bestandteilen untergliedert werden, wie *Motor*, *Rahmen*, *Verbindungsstück* und so weiter. Andererseits könnte *Motor* unterteilt werden in *Antriebsmotor* und *Schrittmotor*, wovon jeder nach Bedarf noch weiter unter-

Drei Schlüssel zur objektorientierten Technologie

teilt werden kann. Ein Exemplar eines variablen *Geschwindigkeits-Antriebsmotors* würde sowohl alle Charakteristiken aus der Klasse *Bestandteile* wie auch aus *Motor* und *Antriebsmotor* erben. Bei Klassendefinitionen kann man auch Unterklassen von Unterklassen in beliebiger Tiefe bilden. Dabei pflanzt sich die Vererbung durchgängig von oben nach unten fort.

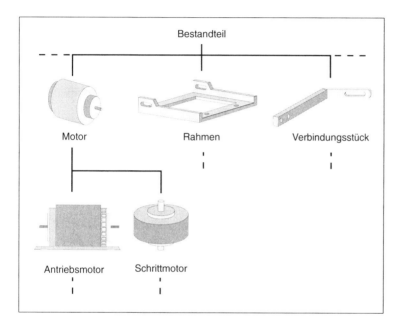

Eine Klassenhierarchie für Bestandteile

Die Erfindung der Klassenhierarchie ist das wirklich Geniale an der objektorientierten Technologie. Menschliches Wissen strukturiert sich in der gleichen Weise, ausgehend von allgemeinen Konzepten und ihrer Vertiefung bis zu einer immer größer werdenden Anzahl von spezialisierten Einzelbegriffen. Objektorientierte Technologie wendet dieselben konzeptionellen Mechanismen an, wie wir in unserem täglichen Leben verwenden, um komplexe, aber dennoch übersichtliche Software-Systeme zu errichten.

Klassenhierarchien bilden menschliches Verstehen nach

KAPITEL 2

Programmieren mit Objekten

Heute gibt es viele objektorientierte Sprachen

Objekte, Nachrichten und Klassen sind zentrale Mechanismen der objektorientierten Technologie. Wenngleich Simula niemals große Akzeptanz als eine allgemeine Programmier-Sprache gefunden hat, drangen ihre Konzepte in den letzten zwanzig Jahren in eine Vielzahl von Sprachen ein und wurden in einer reichhaltigen Vielzahl implementiert. Der Einfachheit halber werde ich nur die zwei wichtigsten objektorientierten Sprachen im folgenden besprechen: Smalltalk und C++.

Zwei Beispielsprachen

Diese Sprachen spiegeln sehr verschiedene Strategien wider

Smalltalk wurde in den frühen 70er Jahren vom XEROX Forschungslabor in Palo Alto, Kalifornien, durch ein von Alan Kay geleitetes Forscher-Team entwickelt. Smalltalk spiegelt die Suche nach einer völlig neuen Sprache wider, die vom objektorientierten Ansatz durchdrungen ist. C++ wurde Anfang der 80er Jahre von den AT&T's Bell Laboratories von Bjarne Stroustrup entwickelt. C++ stellt eine Erweiterung zu der bekannten Sprache C von AT&T dar, und man erkennt deutlich die dahinterstehende Absicht, nämlich objektorientierte Konzepte auf eine bereits bestehende Sprache aufzusetzen. Der seltsame Name ist, nebenbei bemerkt, ein Wortspiel. In C inkrementiert der »++«-Operator eine Variable um eins, also stellt C++ den nächsten, über C hinausgehenden Schritt dar.

Smalltalk ist »rein« – C++ ist »hybrid«

Diese beiden Sprachen sind heute die am meisten genutzten objektorientierten Sprachen; sie illustrieren zwei sehr verschiedene Ansätze, die objektorientierte Vision zu realisieren. Smalltalk wird bis heute im allgemeinen als die sauberste Implementierung der objektorientierten Methodologie betrachtet, und sie erfordert eine strikte Befolgung dieser Methodologie. C++ veranschaulicht den sogenannten hybriden Ansatz, indem die konventionellen Spracheigenschaften mit den objektorientierten Eigenschaften koexistieren. Anders als Smalltalk erlaubt C++ einen beträchtlichen Spielraum bei der Einhaltung der objektorientierten Methodologie; eine Eigenschaft, die von vielen als großer Vorzug, von vielen aber auch als ernstzunehmender Makel betrachtet wird.

Software als Simulation

Bisher wurde Software als eine Möglichkeit angesehen, einen Computer zur Ausführung einer bestimmten Aufgabe zu veranlassen. Diese Betrachtungsweise schlägt sich in der allgemeinen Vorgehensweise von Software-Entwicklungs-Projekten nieder: sie beginnen mit einer Spezifikation des zu lösenden Problems, gefolgt von dem Entwurf eines Systems mit dem gewünschten Verhalten und so weiter. Typischerweise ist das Ergebnis ein System, das die eigentliche Aufgabe erledigt, das jedoch schlecht geeignet ist für andersartige Anforderungen nicht geeignet ist – selbst wenn es sich um dieselben Objekte aus der realen Welt handelt. Ein Buchungssystem ist ein Buchungssystem und nicht geeignet für die Adressverwaltung einer Marketing-Abteilung oder zur Vertriebsunterstützung.

Konventionelle Software löst ein genau spezifiziertes Problem

Die objektorientierte Technologie folgt einer anderen Geisteshaltung. Obwohl die Technologie sich heute weit über ihre Anfänge als Simulationssprache hinaus bewegt hat, behält das Programmieren mit Objekten den Geist einer Simulation der realen Welt bei. Der Entwurf eines objektorientierten Systems beginnt nicht mit der auszuführenden Aufgabe, sondern vielmehr mit den Aspekten aus der realen Welt, die abgebildet werden sollen, um dann die Aufgabe auszuführen. Sind diese einmal korrekt dargestellt, kann das Modell für die Lösung einer Vielzahl

Objektorientierte Software modelliert Systeme

von Aufgaben eingesetzt werden, die ursprüngliche mit einbezogen. Wenn Sie ein gutes Modell für Ihre Kunden und für Ihre eigenen Interaktionen mit ihnen entwickelt haben, können Sie dieses Modell gleichermaßen gut für Buchhaltung, Marketing und Vertrieb verwenden.

Die Verwendung von Modellen bringt viele Vorteile

Der objektorientierte Ansatz zur Erstellung von Software-Systemen hat weit mehr Vorteile als nur Flexibilität. Weil die Struktur der Software die reale Welt reflektiert, können Programmierer sie auch einfacher verstehen und verändern, selbst wenn sie die Software nicht selbst geschrieben haben. Wichtiger ist, daß die grundlegenden Handlungen einer Firma sich weit langsamer ändern als der Informationsbedarf von bestimmten Gruppen oder Individuen. Das bedeutet, daß eine auf firmenweiten Modellen basierende Software eine weit längere Lebensdauer hat, als Programme, die nur zur Lösung von spezifischen, unmittelbar anstehenden Problemen geschrieben wurden.

Zusammenbau von Objekten

Konventionelle Software wird normalerweise von Grund auf neu erstellt

Der Prozeß der Software-Konstruktion ändert sich durch den objektorientierten Ansatz erheblich. Die meiste konventionelle Software wird noch immer von Grund auf neu geschrieben, wobei nur selten Prozeduren aus früheren Programmen wiederverwendet werden. Da diese Programme geschrieben wurden, um sehr spezielle Probleme zu lösen, ist es gewöhnlich einfacher, neue Prozeduren zu schreiben, als bereits existierende anzupassen.

Objektorientierte Systeme werden einfach zusammengesetzt

Im Gegensatz dazu sind Objekte allgemeingültige Bausteine, die mehr die Gegebenheiten der realen Welt modellieren, als daß sie spezifizierte Aufgaben ausführen. Das macht es einfach, sie in späteren Projekten wieder zu verwenden, selbst wenn die Zielsetzung der neuen Projekte eine gänzlich andere ist. Indem mehr und mehr

Drei Schlüssel zur objektorientierten Technologie

Klassen angehäuft werden, beginnt die Software-Entwicklung von der Erzeugung vollkommen neuer Objektklassen Abstand zu nehmen und dazu überzugehen, bereits existierende Objekte auf neue Art und Weise zusammenzufügen. Ein erfahrenes objektorientiertes Entwicklungsteam wird weniger als 20% seiner Zeit für die Neuerstellung von Klassen benötigen. Die meiste Zeit wird mit dem Montieren von erprobten Komponenten zu neuen Systemen verbracht.

Was der Ansatz verspricht

Es gibt sehr viel mehr über den objektorientierten Ansatz zu sagen, als ich in dieser knappen Einleitung darstellen konnte, aber einiges von dem was diese neue Denkart verspricht, sollte deutlich geworden sein. Die objektorientierte Technologie bietet einige leistungsfähige Techniken, um flexible und natürliche Software-Module zu erstellen. Überdies hat die Ausrichtung des Entwicklungsprozesses auf die Erstellung allgemein verwendbarer Modelle bei Systemen zur Folge, daß diese sich viel einfacher an neue Anforderungen anpassen lassen. Schließlich führt die umfassende Wiederverwendung von bereits existierenden, geprüften Komponenten nicht nur zu kürzeren Entwicklungszeiten, sondern auch zu viel robusteren, fehler-freien Systemen.

Dieser Ansatz hat viele wichtige Vorteile

Jeder dieser Vorzüge spielt eine entscheidende Rolle bei der Bewältigung der derzeitigen Software-Krise.

Benerkenswerte Vorzüge

KAPITEL 3
Objekte: Natürliche Bausteine

Vom objektorientierten Programmieren wird oft gesagt, es sei natürlicher als die traditionelle Art des Programmierens und dies trifft für mehrere Betrachtungsebenen zu. Auf einer Ebene ist objektorientiertes Programmieren natürlicher, weil es die Organisation von Informationen in einer uns geläufigen Weise erlaubt. Auf einem tieferen Niveau ist es deswegen natürlicher, weil es die von der Natur selbst angewendeten Techniken zur Handhabung von komplexen Strukturen widerspiegelt. Ein kurzer Exkurs in diese Strukturen von lebenden Organismen wird wichtige Einblicke in die Mächtigkeit der Objekte erlauben.

Der objektorientierte Ansatz ist natürlicher

Bausteine der Natur

Der Basisbaustein aller Lebewesen ist die Zelle. Zellen sind organische »Pakete«, die wie Objekte zusammenhängende Information und Verhalten miteinander verknüpfen. Die meiste Information ist in Proteinmolekülen innerhalb des Zellkerns enthalten. Das Verhalten, das von der Energieumwandlung bis hin zur Bewegung reichen kann, wird durch außerhalb des Zellkerns liegende Strukturen ausgeführt.

Zellen beinhalten Daten und Verhalten

Kapitel 3

Eine lebende Zelle

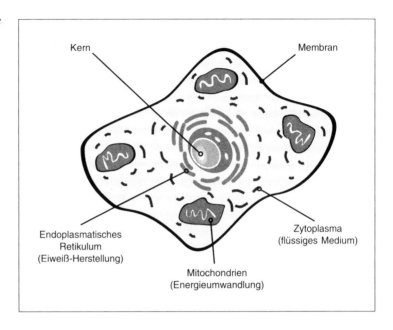

Zellen kommunizieren über Nachrichten

Zellen werden von einer Membran umgeben, die einen chemischen Austausch mit anderen Zellen nur in einer bestimmten Art und Weise zuläßt. Diese Membran schützt nicht nur das Innere der Zelle gegenüber fremdem Eindringen, sondern verbirgt auch die Komplexität der Zelle und zeigt dem Rest des Organismus nur ein verhältnismäßig einfaches Interface. Alle Interaktionen zwischen den Zellen sind chemische Nachrichten, die durch die Zellmembran erkannt und zum Inneren der Zelle weitergegeben werden.

Das vereinfacht die Interaktion zwischen den Zellen

Diese auf Nachrichten basierende Kommunikation vereinfacht die Zellfunktion. Die Zellen müssen nicht Proteinmoleküle lesen oder steuern, um das zu erhalten, was sie voneinander wissen wollen – alles, was sie tun, ist das Aussenden einer geeigneten chemischen Nachricht, auf die die Empfängerzelle entsprechend reagiert.

Objekte: Natürliche Bausteine

Die Zelle ist ein wirklich universaler Baustein. Alle Zellen besitzen die gleiche allgemeine Struktur und handeln nach denselben Grundprinzipien. Innerhalb dieser Basisstruktur ist eine unendliche Variabilität möglich – Pflanzenzellen haben eine harte äußere Wand, damit sie stabil sind; Blutzellen sind mobil und darauf spezialisiert, Gase zu transportieren; Muskelzellen können ihre Form verändern, um mechanische Arbeiten zu verrichten, und so weiter. Dennoch ist diese unglaubliche Variabilität nicht chaotisch: es ist alles genauestens organisiert – oder »klassifiziert« – in einer Hierarchie von spezialisierten Arten und Unterarten.

Lebende Zellen sind ideale Bausteine

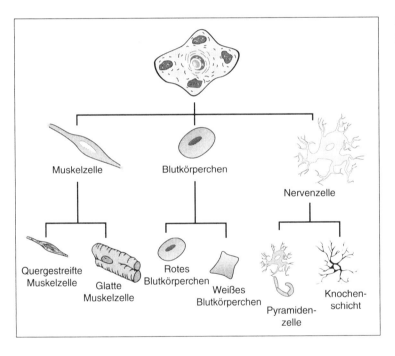

Hierarchie von Zelltypen

Objekte, so wie sie in der objektorientierten Technologie definiert sind, enthalten wesentliche Eigenschaften lebender Zellen. Ein genauerer Blick in die Struktur eines Objektes offenbart diese Ähnlichkeiten.

Objekte sind wie Zellen

49

KAPITEL 3

Die Anatomie eines Objekts

Die Zusammenfassung von Daten und Methoden nennt man Kapselung

Die Zusammenfassung von zusammengehörigen Daten und Prozeduren nennt man Kapselung. Wie Sie an der Zellstruktur sehen können, existiert die Idee schon sehr lange. Die Tatsache, daß dies in natürlichen Systemen so gut funktioniert, läßt vermuten, daß wir mit diesem Mechanismus tatsächlich auf dem richtigen Weg sind!

Verbergen von Informationen

Die Kapselung unterstützt das Verbergen von Informationen

Der Mechanismus der Verkapselung innerhalb der objektorientierten Technologie ist eine natürliche Ausweitung der »Strategie zum Verbergen von Informationen«, die beim strukturierten Programmieren entwickelt wurde. Die objektorientierte Technologie verbessert diese Strategie durch geeignete Mechanismen, die geeigneten Informationen zusammenzuziehen und ihre Details effektiver zu verbergen.

Auf die Daten kann nur über die Methoden des Objektes zugegriffen werden

Bei dem objektorientierten Ansatz werden die inneren Daten eines Objektes nur durch seine Methoden zugänglich. Deshalb zeigen die Illustrationen im letzten Kapitel Objekte als einen inneren Kern von Variablen, die von einer äußeren Schale aus Methoden umkreist werden. Ebensowenig wie Zellen gegenseitig ihre Eiweiß-Moleküle »lesen«, so berühren Objekte keine fremden Datenstrukturen. Vielmehr senden Objekte sich gegenseitig Nachrichten zu, die ihrerseits Methoden zur Ausführung bringen. Diese Methoden greifen nun auf die benötigten Variablen zu.

Objekte: Natürliche Bausteine

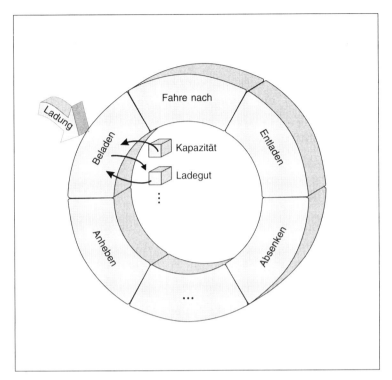

Eine Methode, auf Daten zuzugreifen

Diese nachrichtenbasierte Kommunikation bietet auf zweierlei Weisen Schutz: Erstens schützt sie die Objektvariablen vor Verfälschung durch andere Objekte. Falls andere Objekte einen direkten Zugriff auf Objektvariablen hätten, könnten sie diese unter Umständen falsch behandeln und das Objekt so beschädigen, daß schwer zu findende Systemfehler auftreten. Ein Objekt schützt sich selbst vor solchen Fehlern, indem es seine Variablen verbirgt und den Zugriff ausschließlich durch die eigenen Methoden gestattet.

Dies schützt die Daten vor Zugriffen von außen

Der zweite, weniger offensichtliche Schutz betrifft die entgegengesetzte Richtung: durch das Verbergen seiner Variablen schützt ein Objekt andere Objekte vor den Komplikationen der Abhängigkeit von seiner inneren Struktur. Auf diese Weise wird es überflüssig, daß die anderen

Es schützt auch die Daten von äußeren Objekten

Objekte die Variablennamen, die Typen der Variablen, den benötigten Speicherplatz und eine Vielzahl weiterer Details im Auge behalten, was sonst alle Prozeduren, die auf die Variablen zugreifen, unnötig verkomplizieren würde. Durch die Verkapselung braucht ein Objekt nur zu wissen, wie es ein anderes Objekt nach Informationen befragen muß. Alle Details über das Speichern von Informationen sind unsichtbar.

Änderungen werden einfach

Verkapselung macht sich vor allem bei Änderungen bezahlt

Verkapselungen vereinfachen nicht nur die Interaktion zwischen den Objekten, sondern machen sich vor allem bezahlt, wenn man die Art und Weise ändern will, wie ein Objekt seine Aufgaben ausführt.

Beispiel: Änderungen für das automatisierte Fahrzeug

Angenommen, ein Objekt *automatisiertesFahrzeug* besitzt Methoden zur Schätzung seiner Ladekapazität für verschiedene Arten von Gütern. Nachdem das System für mehrere Monate genutzt worden ist, stellen die Designer fest, daß diese Schätzungen nicht so genau ausgefallen sind, wie gewünscht. Nun könnten sie das Objekt so modifizieren, daß die Kapazitätswerte für die am häufigsten gebrauchten Güter an die Realität angepaßt werden. Sie müssen nicht länger mit Schätzwerten arbeiten.

Die Verkapselung beschränkt den Änderungsaufwand auf eine einzige Klasse

Innerhalb eines konventionellen Systems würde diese Änderung eine große Umstrukturierung bedeuten. Alle Unterprogramme, die mit der Ladekapazität befaßt sind, müßten so umgeschrieben werden, daß sie die gespeicherten Kapazitäten für bestimmte Güter benutzen, während sie die Kapazität für die restlichen Güter immer noch abschätzen müßten. Durch die Verkapselung beschränkt sich der Änderungseffekt auf eine einzige Klasse. Der Rest der Objekte innerhalb des Systems fragt lediglich nach Kapazitätswerten und erhält die Antworten so wie gehabt.

Objekte: Natürliche Bausteine

Die Mächtigkeit der abstrakten Datentypen

Einer der Hauptvorteile des objektorientierten Ansatzes besteht in der Möglichkeit, im Denken auf der Ebene der realen Welt zu verbleiben, ohne auf das Niveau einer Programmiersprache hinabsteigen zu müssen. Diese Anhebung des Denkprozesses gelingt, weil neue Arten von Datenstrukturen zur Beschreibung von Objekten jedes Anwendungsbereiches definiert werden können.

Datenabstraktion hebt das Denken auf ein höheres Niveau

Abstrakte Datentypen

Die traditionellen Programmiersprachen schränken die Datentypen, mit denen ein Programm arbeiten kann, stark ein. Diese Sprachen stellen eine feste Anzahl sogenannter eingebauter Datentypen für gleiche Arten von Variablen bereit, und die Programmierer müssen ihre Variablen auf diesen Grundtypen aufbauen.

Ältere Programmiersprachen hatten nur fest eingebaute Datentypen

Offen gestanden ist die Menge dieser Datentypen häufig recht groß. Dies schließt Typen für große und kleine Zahlen, Dollar-Beträge, Datums-Angaben, und viele andere Arten von Daten ein. Aber ihnen allen ist eine wichtige Einschränkung gemein: sie sind durch die Art und Weise definiert, wie sie im Computer gespeichert werden und sie haben keine Beziehungen zu Objekten aus der realen Welt, mit denen die Programme sich letztendlich beschäftigen. Da die Programmierer diese festgelegte Anzahl an Typen nicht erweitern können, sind sie gezwungen, mehr auf dem Niveau der Datenspeicherung als auf der Ebene der Probleme, die sie lösen wollen, zu denken. Kurz gesagt, kümmert es sie mehr, ob eine Zahl klein oder groß sein kann, als darum, ob ein Auftrag bestätigt oder nicht bestätigt wurde.

So findet die Problemlösung auf dem falschen Niveau statt

KAPITEL 3

Moderne Programmiersprachen erlauben es, neue Datentypen hinzuzufügen

Die modernen Programmiersprachen haben die Programmierer von der Zwangsjacke fixierter Datentypen befreit. Programmierer können neue Datentypen, **abstrakte Datentypen** genannt, definieren, indem sie existierende Datentypen neu zusammensetzen. Der Entstehungsprozeß dieser neuen Datentypen ist unter dem Namen **Datenabstraktion** bekannt, der ziemlich genau das beschreibt, was tatsächlich bei diesem Prozeß geschieht. Beim Abstrahieren werden essentielle Charakteristiken isoliert und in eine bequeme, kompakte Form zusammengepackt. So kann ein Programmierer z.B. einen neuen Datentyp schaffen, um einen Auftrag darzustellen, mit dem bei weiteren Operationen direkt gearbeitet wird.

Abstrakte Typen sind normalerweise »Bürger« zweiter Klasse

Viele Computersprachen unterstützen heute schon die Datenabstraktion, jedoch mit einer typischen Einschränkung: sie behandeln die vom Programmierer definierten Datentypen nicht in der gleichen Weise wie die eingebauten Typen. Viele der für die eingebauten Typen zur Verfügung stehenden Dienste sind für die abstrakten Typen unbrauchbar und zwingen den Programmierer, neue Prozeduren zu schreiben, um diese Dienste bereitzustellen.

Objekte als abstrakte Datentypen

Die objektorientierte Technologie basiert auf abstrakten Datentypen

Die objektorientierte Technologie bietet umfangreiche Unterstützung für die Datenabstraktion. Sie erlaubt es dem Programmierer, nicht nur neue Datentypen zu entwickeln, sondern behandelt diese neuen Typen tatsächlich so, als wären sie in der Sprache eingebaut. Tatsächlich wurden die objektorientierten Sprachen speziell zum Zwecke der Erweiterung und Anpassung an besondere Anforderungen geschrieben. Dieser Prozeß der Spracherweiterung wird nicht nur gut unterstützt, er ist vielmehr das Herzstück objektorientierter Programmierung.

Objekte: Natürliche Bausteine

Das Werkzeug zur Erstellung neuer Datentypen ist die Klasse. Im einfachsten Fall besteht ein abstrakter Datentyp aus einer neuen Klasse, die aus eingebauten Datentypen wie Ziffern und Zeichen zusammengesetzt ist.

Datentypen werden durch die Definition neuer Klassen hinzugefügt

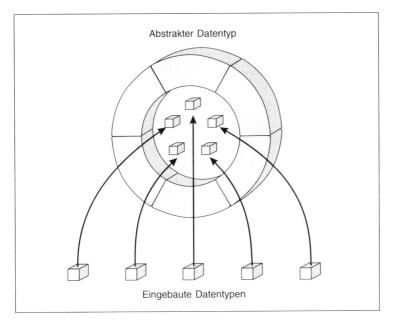

Ein einfacher abstrakter Datentyp

In einem System, das beispielsweise Aufträge abwickelt, können neue Datentypen definiert werden, die die Aufträge direkt darstellen. Diese neuen Datentypen erfreuen sich der gleichen Rechte und Privilegien wie die eingebauten Datentypen, inklusive spezialisierter Berechnungs-Operationen. Ebenso wie man Zahlen addieren und subtrahieren usw. kann, können Bestellungen kombiniert, gesplittet und auf vielfältige Weise manipuliert werden. Ist das Objekt »Auftrag« erst einmal definiert, verhält sich die Sprache so, als habe sie immer »gewußt«, wie sie »Aufträge« auszuführen hat.

Beispiel: Aufträge als Datentypen

Ein »Auftragsobjekt«

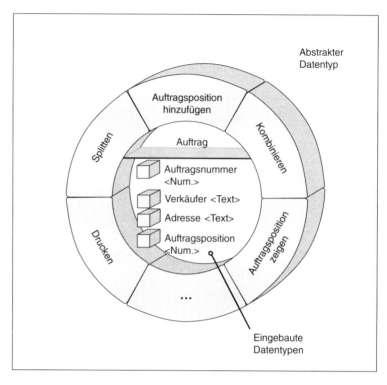

Zusammengesetzte Objekte zur Erhöhung des Abstraktionsniveaus

Objekte können auch Objekte enthalten

In dem Beispiel mit dem »Auftrag« enthalten die Variablen alle Grunddatentypen wie Zahlen und Texte. Es gibt darüber hinaus noch eine andere Art von Information, welche die Variablen enthalten können, nämlich andere Objekte.

Das verstärkt ihre Ausdruckskraft

Objekte, die andere Objekte beinhalten, werden **zusammengesetzte Objekte** genannt. Zusammengesetzte Objekte sind wichtig, da sie hochentwickelte Strukturen als einfache Objekte darstellen können. So besteht z.B. ein Flugzeug aus Tragflächen und anderen Komponenten, die viel

Objekte: Natürliche Bausteine

zu komplex sind, als daß sie durch einfache Zahlen oder Texte dargestellt werden könnten.

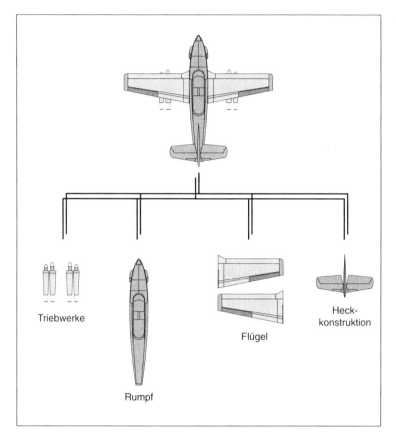

Komponenten eines Flugzeugs

Die Objekte, die in zusammengesetzten Objekten enthalten sind, können ihrerseits zusammengesetzte Objekte sein und diese »Schachtelung« kann auf einer Vielzahl von Ebenen fortgeführt werden. So sind beispielsweise die Hauptbestandteile eines Flugzeugs für sich genommen wieder sehr komplexe Objekte. In einer einigermaßen realistischen Simulation wird jede dieser Komponenten durch zusammengesetzte Objekte repräsentiert, die ihrerseits wieder als zusammengesetzte Objekte arrangiert sind usw.

Zusammengesetzte Objekte können verschachtelt werden

Kapitel 3

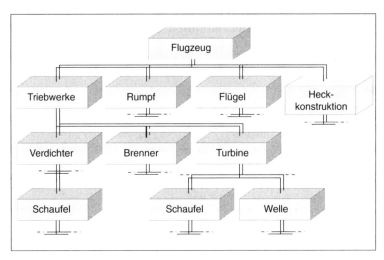

Ein »Flugzeug-Objekt«, dargestellt auf mehreren Ebenen

Zusammensetzung erlaubt ein höheres Abstraktionsniveau

Da Objekte aus anderen Objekten zusammengesetzt sein können, können objektorientierte Sprachen die Informationen in der Art repräsentieren, wie es der natürlichen Denkweise entspricht. Selbst eine komplexe, tief verschachtelte Struktur kann als einziges, zusammengesetztes Objekt behandelt werden. Da komplexe Objekte ihr eigenes Verhalten haben, können sie durch andere Objekte benutzt werden, ohne daß diese sich um deren innere Komplexität kümmern müssen. Mit diesem Verfahren bleiben nicht nur einfache Dinge einfach, es macht sogar komplexe Dinge einfach.

Das Ideal der organischen Systeme

Zellen und Objekte sind verblüffend ähnlich

Auch wenn sich die tatsächlichen Mechanismen von Zellen und Objekten drastisch unterscheiden, ist ihre Gesamtfunktion bemerkenswert ähnlich. Beide, Zellen und Objekte, verkapseln assoziierte Daten und Verhaltensweisen, und beide nutzen eine nachrichtengestützte Kommunikation, um ihre Komplexität zu verbergen; beide

Objekte: Natürliche Bausteine

erscheinen in einer Hierarchie von spezialisierten Typen und beide stellen den fundamentalen Baustein zur Konstruktion einer unendlichen Vielfalt komplexer Systeme bereit.

Diese Ähnlichkeit ist ermutigend: die unglaublichen Variationen unter den lebenden Organismen zeigen deutlich die Flexibilität dieses grundlegenden Ansatzes einer Konstruktion komplexer Systeme auf. Verfolgt man diese Analogie weiter, gewinnt man wichtige Einblicke in die Probleme der Software-Entwicklung. Letztlich hat die Natur diesen Ansatz schon ein paar Milliarden Jahre länger angewendet als die Software-Entwickler.

Aus dieser Übereinstimmung kann man viel lernen

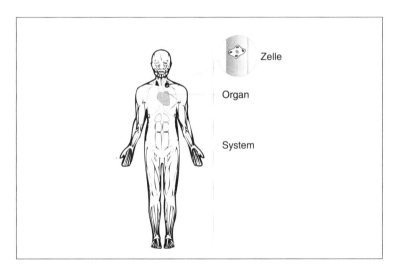

Zellen, Organe und Systeme

Die Zelle stellt nur das unterste Niveau der Modularisierung komplexer Organismen dar. Die höheren Ebenen werden von Organen wie dem Herz und Systemen wie dem Blutkreislauf gebildet. Wir werden diese korrespondierenden Ebenen verschiedener Modularität zur Konstruktion von Softwaresystemen benötigen, die ähnlich groß und komplex sind wie lebende Organismen. Zusammengesetzte Objekte sind ein wichtiges Werkzeug zur Definition der Module auf hohem Komplexitätsniveau.

Beispiel: Organe und Systeme

KAPITEL 4
Nachrichten aktivieren Objekte

Wie sorgfältig und kunstvoll gefertig ein Objekt auch sein mag, es bleibt in der Isolation immer nutzlos; sein Wert hängt nur von der Interaktion mit anderen Objekten ab. Das Medium für diese Interaktionen ist die Nachricht.

Objekte interagieren über Nachrichten

Die Anatomie einer Nachricht

Eine Nachricht besteht aus drei Teilen: dem Namen des Empfängerobjekts, dem Namen der Methode, die der Empfänger umzusetzen weiß, und Parametern die diese Methode zur Ausführung ihrer Funktion benötigt. Der dritte Teil kann weggelassen werden, wenn die Methode keine zusätzliche Information erfordert.

Jede Nachricht hat drei Teile

Fahrzeug	Drehung	90
Empfänger	Methode	Parameter

Die Struktur einer Nachricht

Dies ist die Grundstruktur einer Nachricht. Innerhalb dieser Struktur ist Platz für beträchtliche Variationen.

Die Struktur kann variabel sein

Wie Nachrichten geschrieben werden

Die Art und Weise, wie eine Nachricht geschrieben wird, hängt von der benutzten Sprache ab. Normalerweise erscheinen die drei Komponenten der Nachricht in einer festgelegten Reihenfolge – Empfänger + Methode + Para-

Das Nachrichtenformat variiert von Sprache zu Sprache

KAPITEL 4

meter –, aber wie man ihre Komponenten benennt und voneinander trennt, kann durchaus variieren. Eine Nachricht in Smalltalk sieht beispielsweise folgendermaßen aus:

Fahrzeug104 Drehung: 90

Die gleiche Nachricht in C++ sieht möglicherweise so aus:

Fahrzeug104. Drehung.(90)

In jedem Fall ist *Fahrzeug104* der Name des Empfänger-Objekts, *drehen* bezeichnet die Methode, zu deren Ausführung der Empfänger aufgefordert wird, und *90* ist ein Parameter, der den Drehwinkel spezifiziert.

In den meisten Beispielen wird das Smalltalk-Format benutzt

In den nachfolgenden Beispielen benutze ich das Smalltalk Format, da es der natürlichen Sprache vergleichbar ist. Aber geben Sie acht, denn Smalltalk hat eine etwas befremdliche Spitzfindigkeit: Klassennamen beginnen stets mit einem großen und die Variablennamen für Exemplare mit einem kleinen Anfangsbuchstaben. Im Englischen ist dies genau umgekehrt, da man Namen von Exemplaren groß schreibt, z.B. »a man named John« und nicht »a Man named john« wie es Smalltalk fordert. Die einfache Regel lautet: großgeschriebene Worte bezeichnen eine Klasse.

Das Format variiert auch von Nachrichtentyp zu Nachrichtentyp

Das Grundformat einer Nachricht ist durchaus flexibel und kann einige überraschende Erscheinungsformen annehmen, wie z.B. diese:

alter + 10

In diesem Fall erhält das mit *alter* bezeichnete Objekt die Nachricht + mit dem Parameter *10*, und wird auf diese Weise veranlaßt, zehn zu seinem aktuellen Wert zu addieren. Wenn dies geschieht, ist *alter* ein Exemplar der Klasse *Zahl* und alle Zahlen können arithmetische Methoden wie Addition und Subtraktion ausführen.

Nachrichten aktivieren Objekte

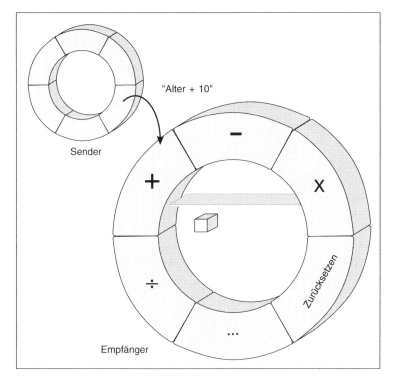

Empfangen der Nachricht + 10

Antworten auf Nachrichten

Normalerweise übertragen Nachrichten Informationen in beide Richtungen. Die erste Übermittlung ist eine Anfrage vom Sender einer Nachricht an den Empfänger. Aber auf diese Art kann der Sender auch eine Antwort vom Empfänger anfordern. So könnte der Sender z.B. eine Bestätigung darüber benötigen, daß der Empfänger tatsächlich in der Lage war, die gewünschten Aktionen auszuführen.

Nachrichten erfordern normalerweise eine Rückmeldung

Diese Antwort wird **Rückgabewert** genannt. Rückgabewerte können – abhängig von der Sprache – unterschiedliche Formen annehmen. In reinen Sprachen wie Smalltalk gibt

Diese Antwort heißt Rückgabewert

KAPITEL 4

eine Nachricht immer ein Objekt an den Sender zurück. In hybriden Sprachen wie C++ kann eine Nachricht entweder ein Objekt oder einen einfachen Wert zurückgeben.

Eine Nachricht und ihr Rückgabewert

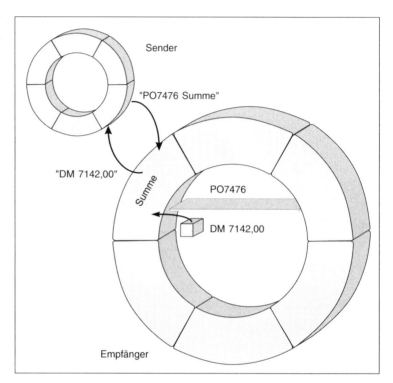

Die Wiederverwendung von Namen

Die Namen der Methoden sind von großer Bedeutung

Innerhalb eines Programms kann eine gestellte Aufgabe auf vielfältige Art und Weise ausgeführt werden. Diese Situation wirft eine wichtige Frage auf, die den Namen der Aufgabe betrifft: kann man denselben Namen für alle Varianten verwenden, oder ist für jede ein anderer Name einzusetzen? Die Frage ist deshalb von Bedeutung, da in großen Programmen so viele unterschiedliche Namen vorhanden sein können, daß es nahezu unmöglich ist, sie alle im Auge zu behalten. Hält man aber die Anzahl der Namen auf einem Minimum, so erleichtert dies den Prozeß des Programmierens und macht das Programm übersichtlicher.

Überfrachtung von Namen

Stellen Sie sich ein elektronisches Zeichenprogramm vor, mit dem Sie eine Vielzahl von unterschiedlichen Figuren auf dem Bildschirm zeichnen können. Eine konventionelle Programmiersprache würde verlangen, daß die Software-Befehle, diese geometrischen Formen zu zeichnen, alle einen eindeutigen Namen haben: *zeichnePunkt*, *zeichneLinie*, *zeichneRechteck*, *zeichneKreis* und so weiter. Abhängig von der Anzahl von Figuren erfordert das Zeichenprogramm sehr viele unterschiedliche Namen für die Zeichenbefehle.

Beispiel: Zeichnen verschiedener Objekte

Innerhalb eines objektorientierten Systems wird jede Figur durch eine unterschiedliche Klasse repräsentiert. Durch die als **Überfrachtung** bezeichnete Technik kann in jeder Klasse derselbe Name für die Zeichenmethode verwendet werden. Obwohl die eigentliche Methode in jeder Klasse differiert, z.B. *zeichnePunkt* versus *zeichneLinie*, werden all die unterschiedlichen Methoden *zeichne* genannt. Da jede Klasse nur über ihre eigene Version von *zeichne* Kenntnis hat, ist die Möglichkeit einer Konfusion ausgeschaltet.

Überfrachtung löst dieses Problem

KAPITEL 4

Eine Methode zeichnen in mehreren Objekten

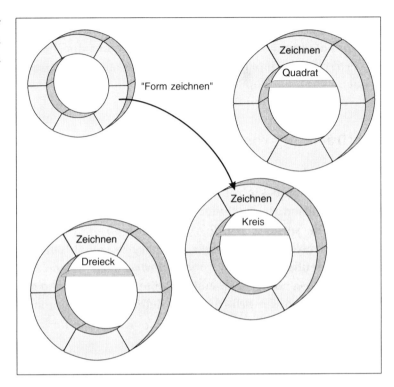

Überfrachtung vereinfacht Programme

Überfrachtung vereinfacht Programme, da es die Verwendung derselben Namen für die gleiche Operation überall im Programm erlaubt. Es ist die Angelegenheit des Empfänger-Objekts, die Operation in eindeutiger Weise auszuführen. Das Überfrachten von Namen vereinfacht ebenfalls die Art, in der Objekte Dienste von anderen anordern, da sie dieselbe Nachricht für eine ganze Familie von Objekten verwenden können.

Beispiel: Zeichnen verschiedener Objekte

Die Methode *zeichnen* illustriert diesen Punkt sehr schön. Könnte man Namen in verschiedenen Klassen nicht wiederverwenden, wäre die Aufforderung an bestimmte Formen, sich selbst zu zeichnen, ein äußerst komplizierter Prozeß. Falls die Form ein Rechteck ist, wäre die Nachricht *zeichnenRechteck* zu senden; falls ein Kreis gefordert ist, wäre es die Nachricht *zeichnenKreis* und so weiter. Kurz

Nachrichten aktivieren Objekte

gesagt, würde der einfache Akt, eine Figur sich selbst zeichnen zu lassen, eine komplette Liste all dieser unterschiedlichen Formen des Systems sowie die Namen all ihrer Zeichenoperationen verlangen. Und diese Liste müßte für jedes Objekt, das die Darstellung einer Figur anfordern könnte, dupliziert werden.

```
    .
    .
    .
    IF FORM = KREIS THEN
        FORM ZEICHNENKREIS
    ELSE IF FORM = QUADRAT THEN
        FORM ZEICHNENQUADRAT
    ELSE IF FORM = OVAL THEN
        FORM ZEICHNENOVAL
    ELSE IF FORM = DREIECK THEN
        FORM ZEICHNENDREIECK
    ELSE IF FORM = RECHTECK THEN
        FORM ZEICHNENRECHTECK
    .
    .
    USW.
    .
    .
```

Wahl der richtigen Nachricht zeichne

Dies sind üble Aussichten, aber sie werden noch schlimmer, wenn dem System eine weitere Form zugefügt werden muß. Jede Klasse, die Nachrichten zum zeichnen sendet, muß dann modifiziert werden, um die neue Form zu berücksichtigen und den entsprechenden Befehl zu senden. Der Umfang dieses Problems multipliziert sich noch mit der Anzahl unterschiedlicher Interaktionen, die Objekte mit geometrischen Formen haben können, und so wächst sich diese einfache Programmerweiterung zu einer

Um eine neue Form hinzuzufügen, wären größere Veränderungen erforderlich

KAPITEL 4

nahezu vollständigen Neukonstruktion des Programms aus.

Überfrachtung hilft, Information zu verstecken

Objekte sollten nicht zuviel voneinander wissen

Dieses Beispiel untermauert erneut die Bedeutung der Kapselung (Information-hiding). Das Problem dabei ist, daß die Objekte in diesem Programm zu viel voneinander wissen.

Überfrachtung reduziert die Informationsflut

Das Problem wird durch **Überfrachtung** sauber gelöst. Falls alle Formen-Klassen denselben Namen für ihre Operation *zeichnen* benutzen, wird keine der anderen Klassen sich um die unterschiedlichen Namen für diese Operation kümmern müssen, um jeder Figur den korrekten Namen zu schicken. Eine Klasse kann allen Formen des Systems dieselbe *zeichnen* – Nachricht senden und darauf vertrauen, daß diese sie in der entsprechenden Weise verstehen werden. Überfrachtung eliminiert all die Instruktionen, die erforderlich sind, um herauszufinden, welche Nachricht »*zeichnen*« zu senden ist. Dies vereinfacht das Programm erheblich.

Senden einer generischen zeichnen-Nachricht

```
        .
        .
        .
   FORM ZEICHNEN
        .
        .
        .
```

Nachrichten aktivieren Objekte

Das **Überladen** ist noch nützlicher, wenn man eine neue Figur hinzufügen will. Die neue Figur implementiert ihre eigene *zeichne*n-Methode, unter Verwendung desselben Namens wie bei all den anderen Figuren. Wann immer ein anderes Objekt anfordert, daß sich diese neue Figur selbst zeichnen soll, sendet es einfach die allgemeine Nachricht *zeichnen*, ebenso wie bei jeder anderen Figur auch. Tatsächlich brauchen existierende Objekte nicht einmal zu wissen, daß eine neue Figur hinzugefügt wurde; sie bleiben von dieser Veränderung völlig unberührt. Sie können eine neue Figur einfach durch Deklaration einer neuen Objekt-Klasse zufügen, ohne das Programm durch Umstrukturierung anpassen zu müssen.

Damit kann man das System einfach erweitern

Die Macht des Polymorphismus

Polymorphismus umschreibt das Verbergen von ähnlichen Prozeduren hinter einem für alle verfügbaren Interface. Der Begriff kommt aus dem Griechischen und bedeutet 'Vielgestaltigkeit'. Die hauptsächlichen Vorteile des Polymorphismus liegen darin, daß er die Objekte voneinander unabhängiger macht und es ermöglicht, neue Objekte hinzuzufügen, ohne daß für die bereits existierenden Objekte größere Anpassungen notwendig wären. Diese Vorteile führen letztlich zu sehr viel einfacheren Systemen, mit denen es leichter wird, die Projekte den sich ständig verändernden Anforderungen anzupassen.

Polymorphismus ist der Schlüssel zur objektorientierten Technologie

Und all dies durch die simple Fähigkeit, denselben Methodennamen in mehr als einer Klasse nutzen zu können!

KAPITEL 5
Klassen bringen Ordnung in die Objekte

Objekte, die miteinander kommunizieren, bilden das Wesen der objektorientierten Technologie. Diese zwei Mechanismen können zusammen die Basis einer mächtigen Programmiersprache darstellen. Tatsächlich wurde die vom amerikanischen Verteidigungsministerium angewandte Sprache **Ada** genau auf diesen Mechanismen aufgebaut. Aber erst das Konzept der Klassen bringt Ordnung in den objektorientierten Ansatz und macht ihn damit effizient für die Darstellung komplexer Informationen.

Klassen organisieren den objektorientierten Ansatz

Auf dieselbe Weise wie ein Klassifizierungssystem Ordnung in ein Sammelsurium von Pflanzen und Tieren bringt, erlauben es Klassen dem Programmierer, ein komplexes System auf rationelle, ordentliche Weise zu organisieren. Und ebenso wie Mutationen in einigen Genen zu einer neuen Art von Insekten führen können, so können Wechsel in den Methoden neue Unterklassen entwickeln, die automatisch alle Charakteristika ihrer Elternklasse erben.

Und sie ermöglichen die Entwicklung komplexer Systeme

KAPITEL 5

Die Anatomie einer Klasse

Arbeitsteilung

Klassen definieren gemeinsame Eigenschaften von Objekten

Die Grundfunktion einer Klasse besteht darin, den speziellen Typus eines Objekts zu definieren. Ist eine Klasse erst einmal definiert, kann jede beliebige Anzahl von speziellen Instanzen dieser Klasse entwickelt werden. Die Klasse definiert die Charakteristika, die von allen Instanzen geteilt werden, wohingegen die Instanzen ihrerseits die Informationen enthalten, die sie von den anderen Instanzen unterscheiden.

Instanzen enthalten nur die Werte der Variablen

Die wesentlichen Aspekte einer Klasse, durch die sie sich von anderen Instanzen unterscheidet, sind die Werte ihrer Variablen; so daß eine Instanz tatsächlich nur aus einer Sequenz von Platzhaltern für ihre Werte besteht.

Beispiel: Bewegen des Objekts automatisiertes Fahrzeug

Ein konkretes Beispiel wird diese Arbeitsteilung verdeutlichen. angenommen ein automatisiertes Fahrzeug erhält folgende Nachricht:

Fahrzeug104geheZu : BehälterB7

Das Objekt *Fahrzeug104* würde sich an die Methode *geheZu* innerhalb seiner Klasse wenden und die Methode *automatisiertesFahrzeug* ausführen. Die Methode *geheZu* ihrerseits kontrolliert die aktuelle Position von *Fahrzeug104*. Die Methode würde danach die passenden Variablen innerhalb der Klasse identifizieren und dann die entsprechenden Werte von der Instanz *Fahrzeug104* verwenden.

Klassen bringen Ordnung in die Objekte

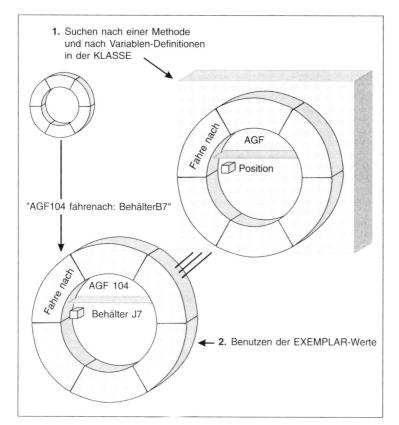

Die Instanz des Fahrzeug104 verwenden

Wie ein Objekt Methode oder Variablen findet

Wenn ein Objekt die Nachricht zur Ausführung einer Methode erhält und diese nicht in seiner Klasse definiert ist, sucht das Objekt automatisch in der Klassenhierarchie, um die Methode zu finden. Zunächst sucht das Objekt in der unmittelbar über ihm liegenden Oberklasse. Wenn die Methode hier nicht definiert ist, durchsucht das Objekt die Oberklasse der Oberklasse und so weiter. Findet es eine Definition der Methode, führt das Objekt diese aus. Falls ein Objekt in der gesamten Klassenhierarchie keine

Ein Objekt sucht Oberklassen für Methoden

Methode gefunden hat, antwortet es mit einer Fehlermeldung. Damit teilt das Objekt dem Sender mit: »Ich würde dir gern helfen, aber ich weiß nicht, was Du willst«.

Die Hierarchie wird nach oben durchsucht

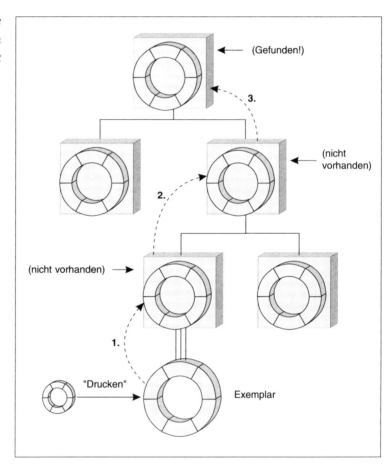

Dieselbe Suche wird für Variablen durchgeführt

Objekte wenden denselben Prozeß an, um Variablen aufzufinden. Bevor ein Objekt mit einem seiner Werte arbeiten kann, muß es die Definition der korrespondierenden Variablen finden. Das Objekt durchsucht die gesamte Klassenhierarchie nach oben nach der Variablen und antwortet, falls dies ergebnislos war. mit einer Fehlermeldung. Diese Anordnung ist äußerst flexibel, weil eine

Klassen bringen Ordnung in die Objekte

auf einer Ebene in der Klassenhierarchie definierte Methode mit einer Variablen arbeiten kann, die auf einer anderen Ebene definiert ist und einen Wert anwendet, der wiederum auf einer anderen Ebene gespeichert wurde!

Die Klassenhierarchie ist ein sehr effizienter Mechanismus, da man Methoden- und Variablendefinitionen in mehr als einer Unterklasse verwenden kann, ohne ihre Definition zu duplizieren. Stellen Sie sich beispielsweise ein System vor, das verschiedene Arten von Fahrzeugen darstellt, die von Menschen gesteuert werden. Dieses System würde eine generelle Klasse für Fahrzeuge, mit Unterklassen für alle Spezialtypen, enthalten. Die Klasse Fahrzeug würde die Methoden und Variablen, die allen Fahrzeugen eigen sind, – wie z.B. Nummernschilder, Passagierfracht und Tankvermögen –, enthalten. In den Unterklassen fänden sich dagegen alle zusätzliche Methoden und Variablen, die spezifisch für die Individualfälle wären.

Das führt zu einer effizienten Verteilung der Informationen

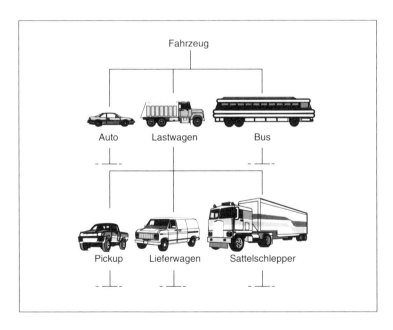

Unterklasse der Klasse Fahrzeug

Kapitel 5

Es gibt nur wenig Zeitverluste

Die Flexibilität und Effizienz der Vererbung hat ihren Preis; es benötigt eine Menge Zeit, in der Klassenhierarchie nach einer Methode oder Variablen zu suchen, d.h. ein objektorientiertes Programm könnte langsamer werden als sein konventionelles Gegenstück. Wie dem auch sei, Sprachdesigner entwickelten für die meisten Fälle Techniken zur Vermeidung dieser Geschwindigkeitseinbuße, indem sie es den Klassen erlauben, sich direkt mit ihren ererbten Methoden und Variablen zu verketten, so daß keine Suche erforderlich ist. Das Ergebnis vereinigt das Beste aus beiden Welten. Programmierer führen scheinbar die oben beschriebene schrittweise Suche durch, aber in Wirklichkeit wird auf Methoden und Variablen ohne diesen Mehraufwand einer tatsächlichen Suche zugegriffen.

Beziehungen zwischen Klassen

Bevorzugung der Ausnahme

Methoden können auf mehreren Ebenen definiert sein

Obwohl Methoden normalerweise auf nur einer einzigen Ebene innerhalb der Klassenhierarchie gespeichert werden – nämlich auf der Ebene, auf der sie am häufigsten angewendet werden – kann man es nicht verhindern, daß eine Methode sowohl auf einer allgemeinen wie auch auf einer spezialisierteren Ebene definiert wird. In diesem Fall würden Objekte immer die spezialisierte Bestimmung nutzen, da diese Definition die zuerst aufgetretene Definition innerhalb der Suche in der Hierarchie wäre.

Diese Technik ist für die Definition von Ausnahmen sehr hilfreich

Die Möglichkeit, Methoden auf mehr als einem Niveau zu definieren, wird bei der Entwicklung von Ausnahmen von den Regeln benutzt. Nehmen Sie an, Sie haben eine Klasse *Fahrzeug*, die eine Methode *TerminInspektion* zur Festlegung

Klassen bringen Ordnung in die Objekte

der Wartungsarbeiten, basierend auf Zeit, Kilometerleistung und anderen Faktoren, beinhaltet. Zu einem späteren Zeitpunkt kauft Ihre Firma ein Privat-Flugzeug, für das Sie eine neue Unterklasse zu *Fahrzeug* schaffen, um auch das Flugzeug einzubeziehen. Aber nun haben Sie ein Problem; die Festlegung, wann ein Flugzeug gewartet werden muß, ist ein vollständig andersartiger Prozeß als die Prozedur, die für Ihre Bodenfahrzeuge angewendet wird.

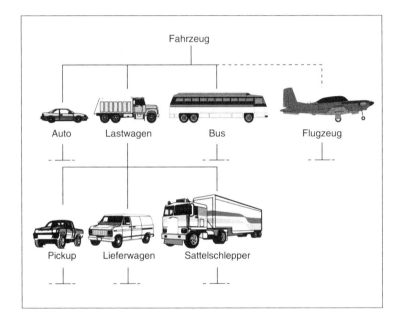

Hinzufügen der Unterklasse Flugzeug

Eine Möglichkeit, die Klassenhierarchie festzulegen, wäre, die Methode *TerminInspektion* auf eine tiefere Ebene der Unterklasse für verschiedene Fahrzeugtypen zu verlegen. Aber dieser Ansatz würde es erfordern, die Klasse *Fahrzeug* und alle ihre Unterklassen zu modifizieren. Noch schlimmer: alle Fahrzeugklassen bis auf eine würden identische Methoden für die Festlegung eines Inspektionstermins aufweisen, und das wäre nicht sehr effizient.

Das Ändern bereits existierender Klassen ist nicht die beste Lösung

KAPITEL 5

Das Kopieren des Zeitplans auf die tieferliegende Ebene ist nicht effizient

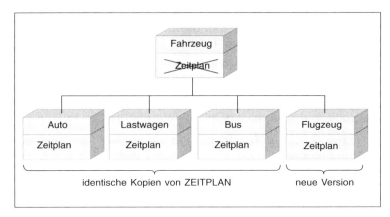

Es ist effizienter, die Methode lokal zu redefinieren

Eine bessere Vorgehensweise, die Hierarchie festzuschreiben ist, nur die *TerminInspektion* in der Klasse *Flugzeug* neu zu definieren, um die besonderen Wartungsanforderungen zu handhaben. Dann gibt es nur zwei Versionen dieser Methode; eine in der Klasse *Fahrzeug* für die allgemeinen Fälle, und die andere weiter unten in der Klasse *Flugzeug*, die diese Ausnahme handhabt. Diese Lösung ist nicht nur effizienter, sie erfordert auch keine Änderungen in den bereits existierenden Klassen. Und wenn Sie später die Art der Terminfestsetzung der Inspektion von Bodenfahrzeugen ändern, muß die Methode an nur einer Stelle modifiziert werden.

Redefinition der TerminInspektion für ein Flugzeug

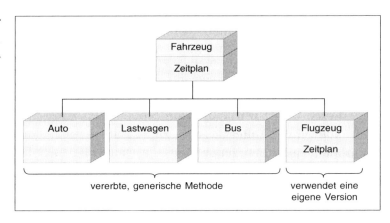

Klassen bringen Ordnung in die Objekte

Diese Technik der Redefinition einer Methode in einer Unterklasse ist ein weiteres Beispiel für das Überladen, wobei derselbe Methodenname für zwei verschiedene Klassen angewandt wird. In diesem besonderen Fall ist eine der Klassen die Unterklasse der anderen. Diese Technik wird oft als Überlagerung bezeichnet, da die Methode der Unterklasse die allgemeinere Version überschreibt.

Dies ist eine besondere Form von Überladen

Überlagerung ist eine wichtige Technik, da sie es in Spezialfällen erlaubt, effizient und einfach, mit einer minimalen Einwirkung auf andere Objekte, gehandhabt zu werden. Diese Technik stellt darüber hinaus die Art und Weise dar, wie Menschen Informationen erlernen und behalten, allgemeine Regeln aufstellen, wann immer es möglich ist, und sie dann, wenn nötig, in besonderen Fällen überlagern. Dies ist eine weitere Art, in der der objektorientierte Ansatz mit unserer natürlichen Betrachtungsweise konform geht.

Die Überlagerung entspricht unserem Lernverhalten

Virtuelle Klassen

Die Möglichkeit, allgemeine Fälle auf einem hohen Klassenniveau zu entwickeln, ist so nützlich, daß die Designer von objektorientierten Systemen häufig hohe Klassenniveaus rein für organisatorische Zwecke definieren, selbst wenn niemals Instanzen für solche Klassen existieren werden. Solche Klassen werden gelegentlich **abstrakte Klassen** genannt, wenngleich dieser Begriff dem Konzept der abstrakten Datentypen widersprechen könnte. Ich bevorzuge den weniger zweideutigen Begriff **virtuelle Klasse**.

Einige Klassen dienen nur der Organisation

Die oben diskutierte Klasse *Fahrzeug* ist ein Beispiel für eine virtuelle Klasse. Es gibt per se keine Instanzen für die Klasse *Fahrzeug*; alles was sich als *Fahrzeug* qualififizieren würde, ist ein Automobil, ein LKW, ein Flugzeug, oder

Beispiel: die Klasse Fahrzeug

einige Typen eines Fahrzeugs. Durch die Definition einer allgemeinen Klasse von Fahrzeugen wird eine höhere Organisations-Stufe in der Klassenhierarchie erreicht; sie liefert eine praktische Zusammenfassung all der Methoden und Variablen, in der Fahrzeuge zu einer Gruppe zusammengefaßt sind.

Mehrfachvererbung

Einige Sprachen erlauben mehrere Oberklassen

Streng genommen wird die hier beschriebene Art der Vererbung als einfache Vererbung bezeichnet, da jede Klasse höchstens eine Oberklasse hat. In vielen objektorientierten Sprachen, wie etwa Smalltalk, ist dies die einzige Art der Vererbung. Andere Sprachen, inklusive C++, erlauben eine zweite Art der Vererbung. Sie wird **Mehrfachvererbung** genannt; diese gestattet es den Objekten, mehr als eine Oberklasse zu haben.

Mehrfachvererbung wird für mehrere Zwecke verwendet

Mehrfachvererbung spielt immer dann eine besondere Rolle, wenn eine Objektklasse verschiedene Aufgaben zu übernehmen hat, wobei jede Rolle durch eine weitere Klasse charakterisiert ist. So kann z.B. ein Vorarbeiter zwei Funktionen übernehmen: sowohl die des Supervisors als auch die des Schweißers. Mit der Einfachvererbung gäbe es – ohne aufwendiges Duplizieren – keine Möglichkeit, diese Charakteristiken beider Arbeitsfunktionen miteinander zu kombinieren wenn *SchweißerVorarbeiter* als Spezialfall von *Schweißer* definiert ist, dann müssen die Charakteristiken für die Klasse *Supervisor* für jede Arbeitsplatzbeschreibung in die Unterklasse *Vorarbeiter* kopiert werden. Ein vergleichbares Problem tritt auf, wenn *Schweißervorarbeiter* als Spezialklasse von *Supervisor* definiert wird.

Klassen bringen Ordnung in die Objekte

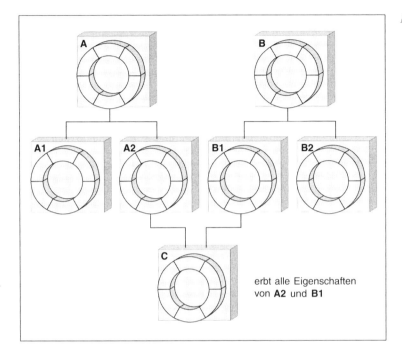

Mehrfachvererbung

erbt alle Eigenschaften von **A2** und **B1**

Mit der Mehrfachvererbung kann *SchweißerVorarbeiter* sowohl als Unterklasse für *Supervisor* als auch für *Schweißer* ausgewiesen werden und alle jeweiligen Eigenschaften erben. Die Charakteristiken von *Supervisor* werden nur an einer Stelle definiert und sind damit einfacher zu programmieren und zu pflegen. Dasselbe gilt für die Eigenschaften des *Schweißers*. Die Definition von *Schweißer-Vorarbeiter* wird dann extrem einfach, da sie nur die zwei Namen ihrer zwei Oberklassen enthält.

Das macht Klassendefinitionen viel einfacher

KAPITEL 5

SchweißerVorarbeiter als Unterklasse von zwei Klassen

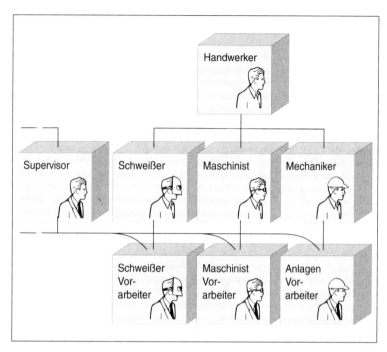

Mehrfachvererbung kann die Sache auch verkomplizieren

Wenngleich die Mehrfachvererbung bestimmte Situationen vereinfacht, kann sie auch zu Komplikationen führen. Angenommen, beide, *Supervisor* und *Schweißer* enthielten eine Methode, die als *berichteStatus* bezeichnet wird, dann würde der *SchweißerVorarbeiter* zwei verschiedene Versionen dieser Methode erben. Welche wäre dann auszuwählen? Es gibt verschiedene Möglichkeiten, mit diesem Problem umzugehen, aber keine davon ist völlig zufriedenstellend.

Klassen bringen Ordnung in die Objekte

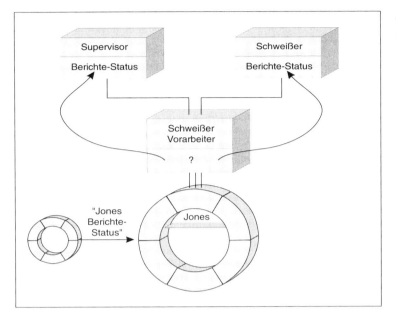

Methodendefinition im Konflikt

Ein weiteres Problem der Mehrfachvererbung zeigt sich häufig in der falschen Anwendung. Um die Mehrfachvererbung korrekt anzuwenden, muß man sicher sein, daß ein Objekt tatsächlich Rollendefinitionen aus zwei oder mehr Klassen enthält. Im vorausgegangenen Beispiel wurde angenommen, daß ein *SchweißerVorarbeiter* tatsächlich ein Schweißer ist und für diese Tätigkeit auch eingesetzt wird. Falls dies nicht der Fall ist – wenn z.B. der Vorarbeiter Schweißer prüft, aber selbst nicht schweißt -, dann wäre die Vererbung der Eigenschaften für *Schweißer* nicht eindeutig.

Mehrfachvererbung wird oft falsch eingesetzt

In Anbetracht dieser Komplikationen fragen sich viele Experten, ob die Vorzüge der Mehrfachvererbung die potentiellen Kosten aufwiegen können. Der Trend bei den objektorientierten Entwicklungsumgebungen scheint in Richtung Mehrfachvererbung zu gehen. Trotzdem ist dies ein Feature, das wohlüberlegt verwendet werden sollte.

Dieses Feature sollte vorsichtig eingesetzt werden

KAPITEL 5

Konstruktion von Klassenhierarchien

Die Klassenhierarchie ist ein mächtiges Werkzeug

Die Effizienz der Klassenhierarchie besteht darin, daß sie allgemeine Regeln auf große Gruppen von Objekten anwendet und trotzdem die Behandlung von Ausnahmen ermöglicht. Durch die Art und Weise wie ein objektorientiertes System die Definition einer Methode lokalisiert, wird das System immer auf die spezialisierteste Definition zugreifen. Ein Verfahren, das noch mehr Effizienz bei gleicher Flexibilität bietet.

Einig Sprachen erlauben nur eine einzige Hierarchie

Manche Sprachen, so auch Smalltalk, arbeiten mit einer einzigen Hierarchie für das gesamte System, wobei alle Klassen letztlich auf eine generische Klasse mit dem Namen *Objekt* zurückgehen. Diese Struktur wird normalerweise vorgeschrieben, weil das System Dienste auf der höchsten Ebene bereitstellt und deshalb für alle Objekte verfügbar sein muß. Beispielsweise nutzt Smalltalk die Klasse *Objekt*, um Nachrichten zu bearbeiten, die die Unterklassen nicht verstehen können, und um Objekte zu löschen, die nicht mehr benötigt werden.

Andere Sprachen erlauben eine beliebige Anzahl von Hierarchien

Andere Sprachen, wie C++, erlauben die Definition einer beliebigen Anzahl von Hierarchien. So haben Sie nach wie vor die Möglichkeit, ohne zwingenden Grund eine Klasse auf höchster Ebene zu definieren. Es könnte z.B. sein, daß Sie die Anwendung von Mehrfachvererbung praktikabler finden, wenn Sie Klassen verschiedener Anbieter miteinander kombinieren, die keine gemeinsamen Dienste einer höheren Ebene beanspruchen.

Klassen bringen Ordnung in die Objekte

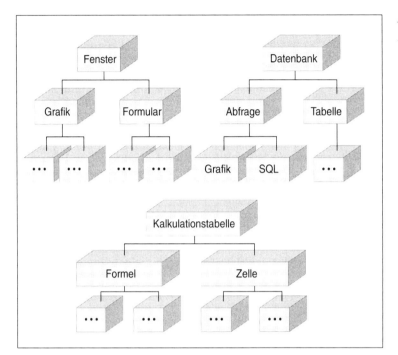

Mehrfache Klassenhierarchien

Die Entwicklung von Klassenhierarchien sollte von mehreren übergeordneten Zielen geleitet sein. Erstens sollten Klassen für allgemeine Anforderungen gebildet werden, so daß sie einfach wiederverwendet werden können; dieser Ansatz macht es möglich, die Programme stückweise zusammenzubauen. Zweitens sollten Methoden auf der höchst möglichen Ebene definiert werden, selbst wenn sie für Sonderfälle umgeschrieben werden müssen. Auf diese Weise werden nicht nur Redundanzen eliminiert, sondern Veränderungen auch einfacher, da eine einzige Modifikation automatisch auch alle betroffenen Unterklassen erreicht. Drittens sollte die Klassenhierarchie genauestens die Struktur des Realwelt-Systems, das sie modelliert, wiedergeben, um ein besseres Systemverständnis zu schaffen.

Es gibt verschiedene Ziele für die Erstellung von Hierarchien

KAPITEL 5

Es ist von größter Wichtigkeit, ein gut funktionierendes Modell zu schaffen

Das letzte zu verwirklichende Ziel ist zugleich das subtilste. Bei der traditionellen Programmierung sollten spezielle, individuelle Probleme gelöst werden. Wenngleich dieser Ansatz mitunter zu schnellen Lösungen führt, garantiert er zugleich, daß jedes neu auftretende Problem von Grund auf neu gelöst werden muß. Das Ziel der objektorientierten Programmierung ist genau das Gegenteil, nämlich solide gebaute, funktionstüchtige Modelle, die zur Lösung einer beliebigen Anzahl ähnlich strukturierter Probleme angewendet werden können. Die Lösungen, die von diesen Modellen unterstützt werden, können nur so gut sein, wie die zugrundeliegenden Überlegungen.

KAPITEL 6
Eine neue Generation von Datenbanken

Die Überwindung der Software-Krise erfordert mehr als eine verbesserte Software-Produktion – sie verlangt auch neue Techniken zur Verwaltung von Informationen. Das von den Unternehmen verwaltete Informationsvolumen hat im letzten Jahrzehnt explosionsartig zugenommen: die Information selbst ist dabei vielschichtiger und komplexer geworden. In der Vergangenheit brauchten Informationssysteme nur Text und Zahlen in einfacher tabellarischer Form zu speichern. Die heutigen Informationssysteme müssen sowohl Kalkulationstabellen, Bilder, Diagramme, Landkarten, Ton- und Sprachaufnahmen sowie eine Vielzahl anderer multimedialer Daten handhaben können. Und all das muß in Form von praktischen, komplexen Struk#turen zusammengefaßt werden.

Das Informationsmanagement befindet sich in einer Krise

Die objektorientierte Technologie bietet die Möglichkeit, die Art der Speicherung und Wiedergewinnung von Informationen zu transformieren, die damit verbundenen Probleme zu lösen und neue Dimensionen des Informations-Managements zu erschließen. Die Anwendungen der objektorientierten Technologie lassen sich in drei Kategorien zusammenfassen: Unterstützung objektorientierter Programme, Speicherung komplexer Informationen und Konstruktion intelligenter Datenbanken. Im folgenden werde ich diese Anwendungen näher erörtern.

Die objektorientierte Technologie kann sehr hilfreich sein

KAPITEL 6

Konservierung von Objekten

Die meisten Programme müssen zwischen den einzelnen Sitzungen ihre Objekte speichern

Objektorientierte Programme werfen nur selten ihre Objekte nach Beendigung des Programmlaufs weg: die Programme erzeugen und aktualisieren vielmehr während des Programmlaufs Objekte und verwenden sie bei jedem Programmlauf erneut. Wo aber werden die Objekte gespeichert und wo befinden sie sich, wenn das Programm nicht läuft?

Speicherung von Objekten in Dateien

Smalltalk-Objekte können in Image-Dateien gespeichert werden

Smalltalk verfügt über eine einzigartige Lösung für das Problem der Aufbewahrung der Objekte zwischen den Programmläufen; es speichert den gesamten Zustand des Systems, inklusive aller aktuellen Objekte, Bildschirminhalte und jeder noch zur Ausführung anstehenden Anweisung in einer Spezialdatei, der sogenannten **Image-Datei**. Smalltalk führt dies jedesmal automatisch beim Verlassen des Systems durch. Beim Neustart liest Smalltalk die Image-Datei und erstellt das System gemäß seinem letzten Status.

Das ist eine bequeme, aber auch eingeschränkte Lösung

Diese Art der Datenspeicherung ist elegant und bequem, aber sie wurde vornehmlich für einzelne Personen mit einem individuell ausgerichteten Programm entworfen. Dieses Arrangement funktioniert nicht so gut bei Programmen, die Objekte gemeinsam benutzen, da der Austausch von Objekten zwischen Image-Dateien schwierig ist.

Objekte werden öfter in Daten-Dateien gespeichert

Die übliche Weise, Objekte zu speichern, ist es, sie in Datenbanken zu halten. Ein Programm schreibt den Inhalt seiner Objekte beim Programmende in eine Datei und lädt sie beim nächsten Lauf zurück. In Wirklichkeit zerlegt das Programm die Objekte, um sie in Datenbanken abzulegen und erstellt sie wieder neu, wenn das Programm gestartet wird. Weil jedes Programm die Datenbank lesen kann, erleichtert dieses Verfahren den Zugriff auf gemeinsame Objekte.

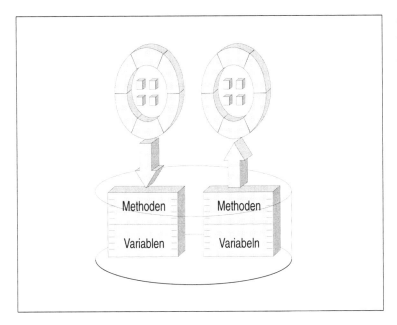

Speichern von Objekten in Datenbanken

Speicherung von Objekten in Datenbanken

Das Abspeichern von Objekten in Dateien funktioniert, so lange nicht zwei Benutzer zur selben Zeit auf ein und dasselbe Objekt zugreifen wollen. In diesem Fall kann es zu Konflikten kommen, da das System nicht unterscheiden kann, wer mit welchem Objekt zu welcher Zeit arbeitet. Hinzu kommt, daß Datenbanken über keine Sicherungsmechanismen zur Kontrolle des Objektzugriffs verfügen, und auch über keine Prozeduren, die den Verlust von Objekten verhindern würden. Dies sind dieselben Probleme, die zur Entwicklung von Datenbank-Managern bei der konventionellen Datenspeicherung führen, und die

Für gemeinsam verwendete Objekte wird ein Datenbank-Manager benötigt

KAPITEL 6

Schlußfolgerung ist die gleiche wie bei Objekten: die gemeinsam genutzten Objekte müssen von einem Datenbank-Management-System gepflegt und verwaltet werden.

Ein herkömmlicher Datenbank-Manager funktioniert dabei nicht

Es bleibt ein kleiner Haken: konventionelle Datenbank-Management-Systeme waren zur Speicherung entwickelt worden. Bei diesen Systemen gab es keine Vorkehrungen zur Handhabung einer unendlichen Vielzahl von Datentypen, wie sie die objektorientierten Sprachen erlauben, und darüber hinaus wurden sie niemals für die Speicherung von in Objekten erhaltenen Methoden konzipiert.

Versuch, Objekte in einer standardisierten Datenbank zu speichern

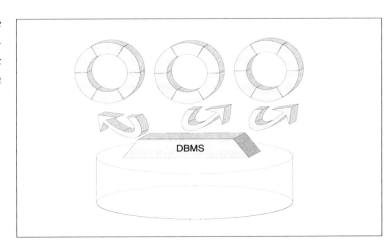

Datenbank-Manager können Objekt-Komponenten speichern

Eine mögliche Lösung des Problems besteht darin, über den Datenbank-Manager eine Software-Schicht zu legen, die komplexe Objekte in einfachere Komponenten konvertiert, so daß diese von konventionellen Datenbanken gehandhabt werden können. Bei dem Laden der Objekte aus der Datenbank konvertiert die Software sie in ihre Objektform zurück.

Eine neue Generation von Datenbanken

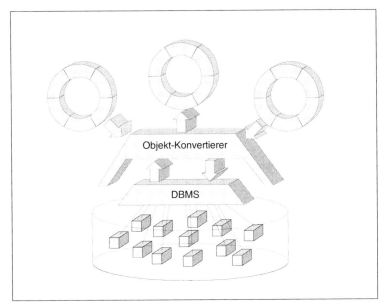

Speichern von Objekt-Komponenten

Die Durchführbarkeit dieses Ansatzes hängt vom verwendeten Datenbank-Manager ab. Hierarchische und Netzwerk-Datenbanken sind mit ihren reichhaltigen Datenstrukturen zum Speichern der komplexen Strukturen von zusammengesetzten Objekten gut geeignet. Das Herunterfahren der Datenbank bei jeder Modifikation einer Klasse würde die Applikationen jedoch zum Stillstand bringen.

Hierarchische und Netzwerk-Modelle sind dafür nicht sehr geeignet

Relationale Datenbanken leiden unter dem gegenteiligen Problem: sie bieten zwar die nötige Flexibilität, aber ihre Datenstrukturen sind zu einfach, um Objekte in ihrer natürlichen Form zu speichern. Dennoch, mit ausreichendem Zerlegen und Rekonstruieren ist es möglich, Objekte in einer relationalen Datenbank zu speichern. Mehrere Forschungs-Systeme speichern Objekte in relationalen Tabellen. Es gibt auch ein kommerzielles System, das die Objektspeicherung unterstützt, jedoch auch gewissen Einschränkungen unterliegt.

Das relationale Modell eignet sich besser, unterliegt aber auch gewissen Einschränkungen

KAPITEL 6

Objekt-Datenbanken

Objekt-Daten-banken dienen dem Speichern von Objekten

Die bessere Lösung des Problems beim Speichern von Objekten stellt eine neue Art von Datenbanken dar, eine, die entwickelt wurde, um komplex geformte Objekte ohne Verluste von Informationen in speziellen internen Formaten zu speichern. Datenbanken dieses Typs bezeichnet man als Objekt-Datenbank-Management-Systeme (ODBMS).

Ein Objekt-Datenbank-Manager

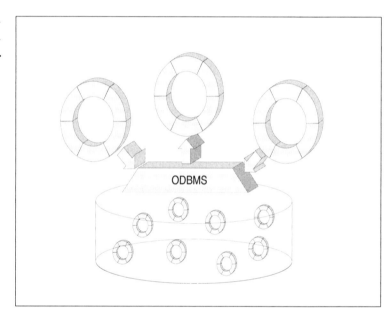

Objekt-Daten-banken lösen das Problem beim Speichern von Objekten

Objekt-Datenbanken bieten eine bessere Möglichkeit, Objekte zu speichern, daß sie alle traditionellen Datenbank-Leistungen erbringen, jedoch ohne den Ballast des Zerlegens und Wiederzusammensetzens von Objekten bei jedem Vorgang des Speicherns und Ladens. Verglichen mit einer Objekt-Datenbank bedeutet die Speicherung von komplexen Objekten in einer relationalen Datenbank ein Höchstmaß an Mühsal. Sie ist vergleichbar mit dem allabendlichen Zerlegen Ihres Wagens bevor Sie ihn in die Garage stellen.

Eine neue Generation von Datenbanken

Speichern komplexer Informationen

Gegenüber älteren Datenbanken besteht der Hauptvorteil der Objekt-Datenbanken darin, daß sie in der Lage sind, komplexe Informationen ohne Kompromisse bezüglich der Flexibilität zu präsentieren. In der Tat bieten die Objekt-Datenbanken das Beste aus beiden Welten, indem sie die umfangreiche Struktur des Netzwerk-Modells mit der Flexibilität des relationalen Modells kombinieren. Mit objektorientierter Technologie besteht keine Notwendigkeit mehr, das Eine um des Anderen willen aufzugeben.

Objekt-Datenbanken sind sowohl strukturiert als auch flexibel

Zusammengesetzte Objekte unterstützen komplexe Strukturen

In einer Objekt-Datenbank werden komplexe Strukturen durch zusammengesetzte Objekte repräsentiert. Das bedeutet, daß es sich um Objekte handelt, die wiederum andere Objekte enthalten. Diese zusammengesetzten Objekte können wiederum andere Objekte enthalten usw. und erlauben deshalb eine beliebig fortführbare Schachtelung der Strukturen.

Unterstützung komplexer Strukturen

Zusammengesetzte Objekte enthalten nicht im wörtlichen Sinne andere Objekte, also nicht in dem Sinne, daß ein Objekt physikalisch in einem anderen Objekt gespeichert ist, sondern sie beinhalten Referenzen auf andere Objekte. So enthalten zusammengesetzte Objekte die Adressen von ihren Objekt-Komponenten, die ihnen bei Bedarf einen schnellen Zugriff erlauben. Jedes Objekt kann in einer beliebigen Anzahl von zusammengesetzten Objekten »enthalten sein«, indem einfach die entsprechenden Komponenten darauf verweisen. Als Fazit bedeutet das, daß eine allgemeine Form des Netzwerk-Datenbank-Modells imitiert werden kann, ohne daß eine Einschränkung auf das hierarchische Modell stattfindet.

Zusammengesetzte Objekte bestehen aus Referenzen

KAPITEL 6

Objekt-Datenbanken können verschiedene Strukturen unterstützen

Objekt-Datenbanken unterstützen jede beliebige Anzahl von Alternativstrukturen für jeweils dieselbe Datenmenge. Diese alternativen Strukturen sind nicht einfach »Sichten« auf die übergeordneten Daten eines darunterliegenden Modells, wie dies bei relationalen Datenbanken gehandhabt wird, sondern alle Strukturen sind gleichwertig und existieren unabhängig voneinander. Es können neue Strukturen geschaffen und Modifikationen der alten Strukturen vorgenommen werden, ohne daß dabei andere, bestehende Strukturen beeinträchtigt werden. Objekt-Datenbanken stellen reichhaltige Möglichkeiten für die Strukturierung der Netzwerk-Datenbanken bereit, ohne unter der ansonsten üblichen Starrheit des Systems zu leiden.

Verschiedene Strukturen in einer Objekt-Datenbank

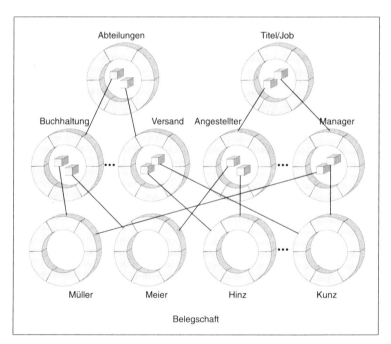

Eine neue Generation von Datenbanken

Abstraktion in Objekt-Datenbanken

Genau wie konventionelle Datenbanken beinhalten Objekt-Datenbanken normalerweise einen Satz eingebauter Datentypen, wie etwa Zahlen, Daten, Preisangaben für die Verarbeitung von allgemeinen Daten. Im Falle der Objekt-Datenbanken wurden diese eingebauten Datentypen durch neue Arten erweitert, um den spezialisierten Anforderungen zu entsprechen.

Objekt-Datenbanken unterstützen neue Arten von Informationen

Diese neuen Typen können ihrerseits mit Typen höherer Ebenen kombiniert werden usw. So kann eine Objekt-Datenbank für jede Art der benötigten Information modelliert werden. Dieser Modellierungsprozeß kann während der gesamten Lebensdauer der Datenbank fortgeführt werden.

Dies ist ein weiteres Beispiel für die unglaubliche Mächtigkeit der Datenabstraktion. Damit wird es Ihnen abgenommen, beim Nachdenken über die Informationen immer die Art der Speicherung berücksichtigen zu müssen. Sie können die Informationen in Ihrer gewohnten Terminologie beschreiben. Objekt-Datenbanken behandeln Bilder wie Bilder und nicht wie eine Anzahl Tausender miteinander verknüpfter Nummern und Zeichenfolgen. Dokumente, Abteilungen, Transaktionen und Produktstraßen können dargestellt und auf demselben hohen Niveau betrachtet werden.

Diese Datenabstraktion verändert den Denkprozeß

Kapitel 6

Abstrakte Datentypen

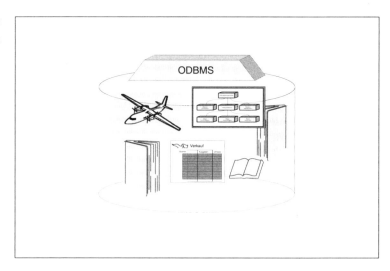

Außerdem unterstützt sie multimediale Daten

Da Objekt-Datenbanken neue Datentypen aufnehmen können, sind sie besonders gut für die steigenden Anforderungen der Multimedia-Informationsspeicherung geeignet. Konventionelle Datenbanken wurden zu einer Zeit konzeptioniert und entwickelt, als Computer ausschließlich mit Text und Zahlenfolgen arbeiteten. Heute operieren Computer direkt im umfangreichen Bereich der Medien, einschließlich von Zeichnungen, Blaupausen, Fotografien, Viedeo-Sequenzen, menschlicher Sprache, Klangmuster und vielen anderen Formen. Eine Objekt-Datenbank kann spielend all diese verschiedenen Arten von Information speichern.

Flexibilität durch Sonderfälle

Vererbung ermöglicht die Modellierung von Sonderfällen

Der Vererbungsmechanismus schafft eine zusätzliche Flexibilität für die Objekt-Datenbanken. Eine übliche Beschränkung bei den konventionellen Datenbanken besteht darin, daß alle Einträge eines gegebenen Typs von gleicher Struktur sein müssen. Falls neue Einträge eine andere Struktur aufweisen, gibt es nur zwei Möglichkeiten:

Eine neue Generation von Datenbanken

die neue Eintragung in die alte Struktur zu pressen oder eine neue Struktur zu definieren, die den neuen Bedürfnissen entspricht, und dann alle bereits existierenden Eintragungen so zu konvertieren, daß sie passen. Objekt-Datenbanken bieten eine dritte Auswahlmöglichkeit: die Erzeugung von Unterklassen für die Beschreibung von Ausnahmefällen, die weitere Informationen bereitstellen, ohne die existierenden Eintragungen zu beeinträchtigen.

Ein Beispiel soll illustrieren, warum die dritte, oben angezeigte Möglichkeit für gewöhnlich auch die beste ist: Viele nicht-amerikanische Adressen benötigen einen zusätzlichen Bezeichner, um eine Stadt, einen Landkreis, eine Gemeinde etc. zu beschreiben. Eine Gesellschaft, die eben erst mit Überseegeschäften beginnt, kann plötzlich vor der unangenehmen Situation stehen, nicht in der Lage zu sein, diese ungewohnten, aber notwendigen Adressen in ihrer Benutzer-Datenbank darzustellen. Das Unternehmen kann unmöglich auf diese zusätzlichen Informationen verzichten. Andererseits ist eine Neustrukturierung der Datenbank im Hinblick auf die Anpassung von Neuzugängen nicht gerade eine kostengünstige Lösung. Hinzu kommt, daß der Programmieraufwand eine Veränderung sowohl der Datenbank als auch der Programme, die auf sie zugreifen, erfordert, und daß die Restrukturierung für die Darstellung einheimischer Kunden kostbaren Speicherplatz verschwendet, die den zugefügten Bezeichner nicht benötigen.

Beispiel: Speichern ausländischer Adressen

Eine Objekt-Datenbank löst dieses Problem durch die Unterklassenbildung der Kunden-Adress-Klasse. Die neue Unterklasse definiert einfach eine zusätzliche Variable, welche die zusätzliche Information aufnehmen kann. Alle weiteren Eigenschaften erbt sie von den regulären Adress-Klassen. Dann sind keine Veränderungen der existierenden Kundendaten und keine Speicherverschwendung

Eine Unterklasse löst das Problem

nötig, da einheimische Kunden nun nicht mehr Platz für ihre Informationen verbrauchen als sie tatsächlich nutzen.

Spezialfall der Adress-Kartei

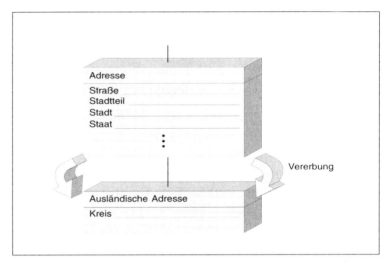

Laden komplexer Daten

Beim Laden von Daten sind Objekt-Datenbanken schneller

Verglichen mit relationalen Datenbanken können Objekt-Datenbanken komplexe Strukturen viel schneller laden, da die Strukturen als direkte Referenzen auf die Objekte gespeichert sind. Die Objekt-Datenbank muß diese Beziehungen deshalb nicht durch langes Suchen in den Tabellen rekonstruieren.

Beispiel: Laden einer Stückliste

Es ist zu überlegen, wie jeder Datenbanktyp das Zerlegen eines Produktes in seine Einzelteile repräsentieren würde. Einige Hersteller bezeichnen dies als Stückliste. Eine relationale Datenbank würde jedes Produkt durch eine Folge von Einträgen in einer Tabelle darstellen, die seine Einzelteile auflistet. Jedes dieser Einzelteile wäre seinerseits durch eine andere Reihe von Unterkomponenten – möglicherweise in einer anderen Tabelle – definiert. Diese Unterkomponenten würden mit jeweils niedrigeren

Eine neue Generation von Datenbanken

Komponenten so lange miteinander verknüpft, bis die elementarsten Teile des Produktes erfaßt wären. Ein einigermaßen komplexes Produkt kommt leicht auf ein halbes Dutzend von Komponenten-Ebenen, die im Durchschnitt von etwa jeweils fünf Komponenten im ganzen dann über dreitausend Verkettungen bilden. Jede dieser Verkettungen wäre durch eine besondere Wertigkeit ausgezeichnet, wobei die Teilenummer in diesem Fall in beiden Einträgen erscheinen würde.

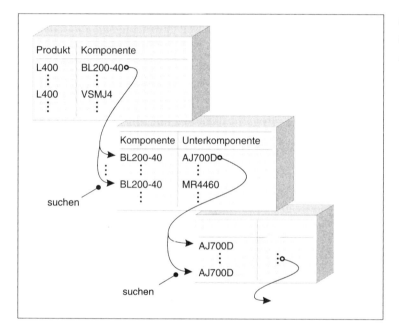

Eine Stückliste in einer relationalen Datenbank

Das Laden dieser Stückliste aus einer relationalen Datenbank kann ein zeitraubender Prozeß sein, da das System jedesmal die Datenbank durchsuchen muß, wenn es die Verkettungen von einer Komponente zur nächsten nachvollzieht. Wenn eine Komponente aus den Teilen BL 200-40, VSMJ 4, KS9000 B und MRG 4400-D besteht, muß der Datenbank-Manager jede der entsprechenden Tabellen durchsuchen, um diese Teilenummern zu lokalisieren.

Das Laden ist langsam, wenn es über eine Suche erfolgen muß

KAPITEL 6

Relationale Datenbanken wurden zwar für derartige Suchvorgänge optimiert, aber bei tausenden von Suchvorgängen ist immer noch ein beträchtlicher Zeitaufwand nötig, um eine einzige Struktur aufzufinden.

Referenzen machen das Laden schnell und effizient

Eine Objekt-Datenbank speichert ein Produkt wie ein zusammengesetztes Objekt, mit den Verkettungen zu seinen Komponenten, die durch direkte Referenzen repräsentiert sind. Durch diese Darstellung wird die Notwendigkeit einer Suche in Tabellen nach passenden Werten überflüssig, da der Datenbank-Manager nun direkt auf die Komponenten-Objekte zugreifen kann. In der Sprache der relationalen Datenbanken wurden alle benötigten »Verkettungen« (Joins) vorher berechnet. Damit können Sie eine vollständige Stückliste mit einer einzigen Abfrage der Datenbank erhalten. Die Datenbank lädt die komplette Liste in einem Bruchteil der Zeit, die ein relationales System dafür benötigt.

Eine Stückliste in einer Objekt-Datenbank

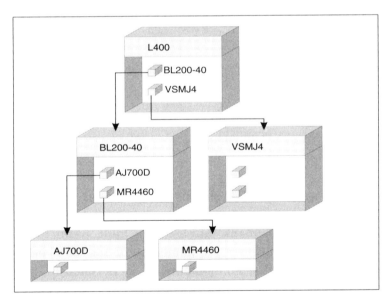

Eine neue Generation von Datenbanken

Das Erstellen intelligenter Datenbanken

Objekt-Datenbanken lassen sich in zwei große Kategorien einteilen: passive und aktive. Passive Objekt-Datenbanken speichern die Strukturen von Objekten, ohne jedoch ihr Verhalten zu implementieren, wohingegen in aktiven Systemen die Objekte innerhalb der Datenbank ausgeführt werden können und richtig interagieren. Die beschriebenen Vorzüge von Objekt-Datenbanken treffen für beide Arten zu. Der Rest dieses Kapitels untersucht zusätzliche Vorteile, die durch das aktive Agieren der Objekte in den Datenbanken entstehen.

Objekt-Datenbanken können passiv oder aktiv sein

Passive und aktive Datenbanken

Wenn eine passive Objekt-Datenbank ein Objekt speichert, separiert es die Objektmethoden von seinen Daten und plaziert die Methoden in einer gesonderten, von der Datenbank abgetrennten Datei. Das bedeutet, daß keine der Methoden des Objekts ausgeführt werden kann, solange sie sich noch in der Datenbank befindet. Das Objekt muß von der Datenbank in ein zusätzliches Programm verschoben werden, bevor es wieder arbeiten kann. Tatsächlich behalten passive Datenbanken ihre Objekte in einem sogenannten »kalten Speicher«, bis sie wieder eingesetzt werden.

Passive Objekt-Datenbanken speichern und laden Strukturen

Kapitel 6

Eine passive Objekt-Datenbank

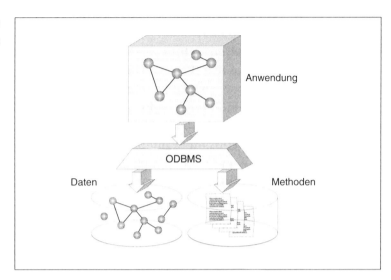

Passive Objekt-Datenbanken eignen sich gut für gemeinsam benutzte Objekte

Passive Objekt-Datenbanken stellen eine hervorragende Lösung für das Speicherungsproblem und das Laden komplexer Objekte dar. So kann z.B. der Benutzer eines CAD-Programms technische Zeichnungen aus komplexen Objekten entwickeln, diese Objekte dann in einer Datenbank speichern und darüber dann mit anderen Benutzern gemeinsam verfügen. Eine passive Datenbank eignet sich für solche Anwendungen gut, da sie im Grunde nur Objekte schnell und effizient speichern und laden muß.

Aktive Objekt-Datenbanken stellen eine komplette Sprache zur Verfügung

Im Gegensatz dazu speichern aktive Objekt-Datenbanken Objekte mit »lebendigen« Methoden, die direkt in der Datenbank aktiviert werden können. Dies ist ein entscheidender Fortschritt! Aktive Systeme müssen alle Fähigkeiten einer vollständigen Programmiersprache beherrschen, um die Methoden in einer Datenbank ausführen zu können. So sind für alle Anwendungen, die mehr als passives Speichern verlangen, die Vorteile offensichtlich. Für

Eine neue Generation von Datenbanken

die Ausführung der Methoden beweisen die aktiven Datenbanken die Mächtigkeit der objektorientierten Technologie, die sich auf die gespeicherten Informationen stützt.

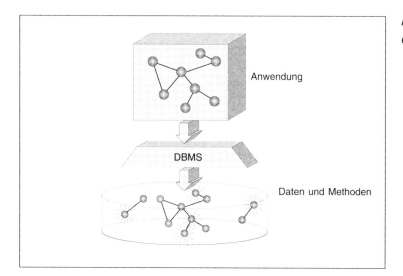

Ein aktive Objekt-Datenbank

Die Vereinfachung des Datenbankzugriffs

Einige der schwierigsten Probleme in Datenmanagementsystemen treten auf, wenn eine Vielzahl von Programmen einen einzigen Datenpool nutzt. Die entstehenden Interaktionen zwischen den gemeinsam genutzten Daten verletzen das Prinzip der modularen Programmierung durch die Entstehung von Abhängigkeiten zwischen den Programmen. Tatsächlich sind die Probleme, die dann entstehen, wenn mehrere Programme auf eine gemeinsame Datenbank zugreifen, grundsätzlich mit jenen identisch, die entstehen, wenn verschiedene Unterprogramme auf die gleichen Daten innerhalb eines einzigen Programms zugreifen. Der einzige wirkliche Unterschied besteht darin, daß in einer Datenbank das Problem in einer

Der Zugriff auf gemeinsam verwendete Daten verursacht Probleme

KAPITEL 6

größeren Dimension auftritt. Anstatt auf ein einziges Programm beschränkt zu sein, können sie so die gesamte Informationsstruktur einer Organisation in Mitleidenschaft ziehen!

Jedes Programm muß Routinen für den Zugriff enthalten

Und dies ist der springende Punkt. Eine typische Unternehmens-Datenbank hat vermutlich mehrere Hunderte Zusatzprogramme, die auf dieselbe Datensammlung zugreifen. Bei einer konventionellen Datenbank muß jedes dieser Programme alle Prozeduren beinhalten, mit denen diese Informationen korrekt verwaltet werden können – und zwar um die Datentypen und -strukturen entsprechend zu berücksichtigen, um Eingabewerte auf ihren korrekten Typ und korrektes Format zu überprüfen usw.

Redundante Zugriffsroutinen

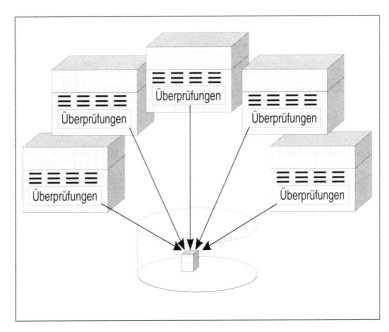

Redundante Routinen sind sehr teuer

Das Kopieren dieser Prozeduren in jedes Programm bedeutet eine Menge versteckter Kosten. Erstens: alle Programme sind umfangreicher als nötig und beanspruchen längere Entwicklungszeit. Zweitens: jedes Mal, wenn

Eine neue Generation von Datenbanken

eine Prozedur kopiert wird, erhöht sich die Fehlerquote. Und schließlich erfordert jede Veränderung der Datenstruktur ein neues Überprüfen, abermaliges Testen und eine neue Inbetriebnahme des Programms. Dies kann viele Monate in Anspruch nehmen und führt dennoch zu einer Anzahl latenter Fehler.

Viele Unternehmen versuchten, diese Probleme durch Entwicklung gesonderter Datenbibliotheken niedrig zu halten. Sie erlaubten den Zugriff auf Routinen und forderten ihre Programmierer auf, diese anzuwenden. Dieser Ansatz funktionierte in einigen Fällen, ohne jedoch alle Probleme zu lösen. Im Gegenteil: sie kann sogar zu neuen Problemen führen. Programmierer haben häufig Schwierigkeiten, die richtigen Routinen zu finden, schreiben deshalb bereits existierende neu oder überbrücken gänzlich die Datenbibliothek. Jede Veränderung der Datenstruktur erfordert noch immer, daß die Zugriffsroutinen verändert werden, was andererseits die Neuorganisation aller Anwendungsprogramme usw. erfordert.

Bibliotheken für Zugriffsroutinen bieten keine Lösung

Die objektorientierte Lösung bringt die Zugriffsroutinen gemäß der Definition der Datenobjekte in der Datenbank richtig unter. Dieser Ansatz klammert das Kopieren von Prozeduren aus und ermöglicht das schnelle und einfache Schreiben von Programmen. Die Fehlermöglichkeiten sinken deshalb beträchtlich, da jedes Programm dieselben Zugriffsroutinen anwendet. Änderungen in der Datenstruktur sind nun ebenfalls einfacher, da die meisten Modifikationen innerhalb eines einzigen Datenobjektes erfolgen können. Solange das Programm auf die Datenbank über dieselben Nachrichten zugreifen kann, gibt es auch keine Notwendigkeit, diese zu verändern.

Die Lösung ist, daß die Daten den Zugriff selbst regeln

KAPITEL 6

Zugriffsroutinen in der Datenbank

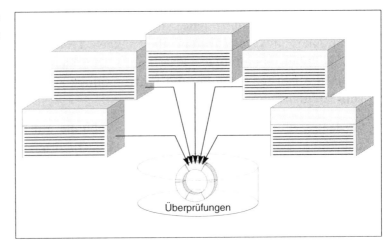

Selbstüberwachung der Daten

Normalerweise müssen die Daten gezielt überwacht werden

Über den reinen Datenzugriff hinaus können auch die Methoden innerhalb der Objekt-Datenbanken in besonderen Fällen die Variablenwerte überwachen. Da gewöhnliche Daten passiv sind, haben sie keine Möglichkeit, zu reagieren, wenn ihre Werte bestimmte Grenzwerte über- oder unterschreiten oder ganz ungewöhnliche Werte annehmen. Jedes Programm, das von diesen Daten abhängig ist, muß sie regelmäßig abfragen, um ihren jeweiligen Wert zu ermitteln. Dieses Abfragen ist uneffektiv, da es unnötige Rechenkapazität durch das überflüssige Prüfen und Gegenprüfen von Daten vergeudet, die sich nicht verändert haben.

Aktive Objekte können ihre eigenen Variablen überwachen

Auf der anderen Seite können aktive Objekte ihre eigenen Variablen überwachen und andere Objekte über kritische Vorfälle benachrichtigen. Um diese Selbstkontrolle einzubinden, müssen diese Prüfmechanismen in die Methoden, die auch die Variablen verändern, eingefügt werden. Diese Lösung ist nicht nur wesentlich logischer und platzspa-

Eine neue Generation von Datenbanken

render, sondern darüber hinaus effizienter, weil Daten nur dann überprüft werden, wenn sie sich tatsächlich ändern.

Solche eingebauten Prüfroutinen werden oft als Trigger bezeichnet, da sie den Systembenutzer auf außergewöhnliche Situationen aufmerksam machen. Ein gutplazierter Trigger kann innerhalb einer Unternehmensdatenbank konstant die lebenswichtigen Datensignale der Organisation so überwachen, daß – falls etwas schief zu gehen droht – die zuständigen Bearbeiter vom System entsprechende Meldungen erhalten. So können beispielsweise Inventarobjekte automatisch ihren eigenen Bestand überwachen und bei Unterschreitung des Mindestbestandes eine entsprechende Warnung auslösen. Vergleichbar dazu können in einem Buchhaltungsprogramm Trigger enthalten sein, die solche Schlüsselindikatoren wie Barkapital und tägliches Umsatzvolumen integrieren.

Damit können Trigger verwendet werden

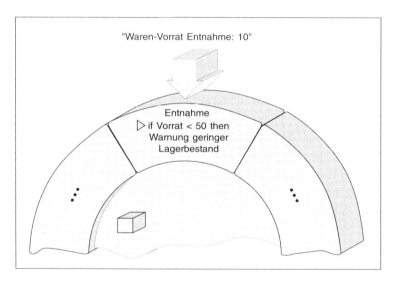

Ein Trigger in einer Objekt-Datenbank

Trigger in Objekt-Datenbanken können komplex sein

Viele konventionelle Datenbanken bieten nun eine einfache Form von Triggermechanismen, die aber nicht mit dem Leistungsvermögen von Objekt-Datenbanken vergleichbar sind. Da aktive Objekt-Datenbanken über die Ressourcen von vollständigen Programmiersprachen verfügen, können diese Trigger sehr komplex und anspruchsvoll sein. Aktive Objekte können Rechenvorgänge ausführen, andere Objekte in der Datenbank beanstanden, Informationen von Benutzern erfragen sowie eine Vielzahl von Prüfvorgängen und Gegenprüfungen durchführen, um zu entscheiden, welche Situation besondere Aufmerksamkeit erfordert. Auf der Ausgabeseite kann das Ergebnis eines Triggers von einer einfachen Bildschirmmeldung bis zur Vorbereitung und Unterteilung einer umfassenden Analyse reichen.

Anwendungen in Objekt-Datenbanken

Anwendungen können in Objekt-Datenbanken eingebettet sein

Im Grunde gibt es kein Limit für die Komplexität von Operationen innerhalb einer aktiven Objekt-Datenbank. Selbst ganze Anwendungen können – falls gewünscht – in einer Datenbank untergebracht werden. Diese Anwendung erfreuen sich – im Gegensatz zu jenen, die in einem gesonderten Programm isoliert sind – eines besonderen Vorteils: innerhalb einer Objekt-Datenbank sind sie allen Systembenutzern jederzeit verfügbar und nicht nur dann, wenn ein einzelner Benutzer ein besonderes Programm laufen läßt.

Beispiel: Dokumenten-Verwaltung

Hier nun ein Beispiel einer Anwendung, die von dieser Einbettung in einer Objekt-Datenbank profitiert. Eine Vielzahl der marktüblichen Programme verwalten den Datenfluß elektronischer Dokumente innerhalb eines Büros, indem sie jedes Dokument entsprechend vordefinierter Operationen und Rückfragen an den Benutzer behandeln. So führen diese Programme nicht ihre tatsächlichen

Eine neue Generation von Datenbanken

Aufgaben wie Bilanzieren, Editieren und so weiter aus, sondern überwachen den laufenden Status jedes einzelnen Dokumentes, zeichnen seinen Fortschritt über Ausgabemedien auf, erinnern die entsprechenden Personen an eine Bearbeitung oder überwachen die Bearbeitung.

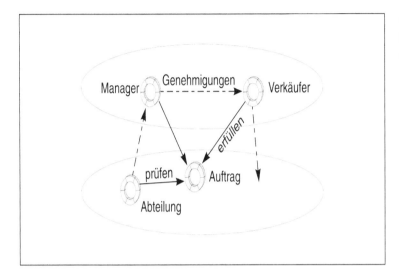

Dokumentverarbeitung in einer Objekt-Datenbank

Eine aktive Objekt-Datenbank ist ein natürliches Mittel zur Unterstützung dieser Aufgaben. Auch wenn die Prüfung und Sachbearbeitung vergleichsweise einfach sind, ist es wichtig, daß sie sofort ausgeführt werden. Eine Objekt-Datenbank löst diese Aktivitäten automatisch immer dann aus, wenn ein Dokument für den nächsten Bearbeitungsschritt bereit ist. Auch bei Verkapselung werden die Aufgaben zur Entwicklung und Pflege dieser Prozeduren innerhalb jedes Dokumententyps vereinfacht.

Diese Anwendung ist typisch für Objekt-Datenbanken

KAPITEL 6

Intelligente Datenbanken

Die Methoden eines Objekts zeugen von Erfahrung

Die in dieses Dokument-Verwaltungssystem eingebauten Routinen können jederzeit darüber Auskunft geben, wie Dokumente innerhalb der Organisation weitergereicht werden. Falls ein Dokument die Unterschrift eines Managers benötigt, der sich gerade im Urlaub befindet, kann mittels einer Methode festgestellt werden, ob durch diese Verzögerung Probleme entstehen würden. Wenn dies der Fall ist, kann es dann jemand anderen, ebenfalls zeichnungsbefugten ausfindig machen. So kann sich das Dokument-Objekt zu einem umfangreichen logischen Prozeß entwickeln, der auf den durch die Methoden definierten Regeln basiert.

Damit sind verteilte Experten-Systeme möglich

Schlußfolgerungen und Problemlösungen sind die Domäne der **Expertensysteme**. Expertensysteme wurden als dedizierte Programme entwickelt, die mit einem sehr begrenzten Datensatz operieren. In den vergangenen Jahren erschienen Expertensysteme auch innerhalb umfangreicher Anwendungen, wie z.B. in der Büroautomatisierung, die gemeinsam verwendbare Information und Problemlösung erfordern. Zunehmend werden Objekt-Datenbanken als bestes Medium einer solchen Aufgabenstellung angesehen. Die Basistechnologie, die solchen Expertensystemen zugrundeliegt, ist der objektorientierten Technologie nahe verwandt – inklusive der Möglichkeit zur Vererbung -, und somit ergibt sich eine ganz natürliche Beziehung.

Bald wird es intelligente Datenbanken geben

Die Möglichkeiten für die Erstellung verteilter Expertensysteme in Datenbanken sind überwältigend, da es sich abzeichnet, daß sie eine neue Dimension in die verteilten Informationssysteme bringen werden. In der allernächsten Zukunft wird es möglich sein, in Regeln und Beziehungen zu programmieren, und damit die Datenbanken in die Lage zu versetzen, selbst zu denken. Damit können viele administrative Probleme im Handumdrehen gelöst

Eine neue Generation von Datenbanken

werden, und alternative Ansätze für andere Probleme gefunden werden. Die verteilte Datenbank ist damit nicht länger eine passive Ansammlung von Daten; sie wird zu einem aktiven Bestandteil in der Organisation des Unternehmens.

Die Rolle einer aktiven Datenbank

Mit den ihnen zugeordneten Fähigkeiten bieten aktive Objekt-Datenbanken ein breiteres Spektrum an Dienstleistungen als die passiven Datenbanken. Der passive Typ ist hervorragend zum Speichern und Verteilen von komplexen Objekten geeignet, aber zur Aktivierung seiner Objekte ist er immer auf ein objektorientiertes Anwendungs-Programm angewiesen. Im Gegensatz dazu können die aktiven Datenbanken von jedem Programm verwendet werden, egal ob dieses objektorientiert ist oder nicht. Das bedeutet, daß die aktiven Systeme Datenbanken darstellen, die für beliebige Zwecke eingesetzt werden können. Aufgrund ihrer Vorteile beginnen die aktiven Objekt-Datenbanken, eine wichtige Rolle bei der Erstellung von intelligenten Informationssystemen zu spielen.

Aktive Objekt-Datenbanken können für beliebige Zwecke eingesetzt werden

KAPITEL 7
Die Mächtigkeit von Objekten in der Praxis

Auf jeden Fall ist die objektorientierte Technologie nicht nur eine neue Art von Programmiersprache sondern viel mehr. Denn tatsächlich ist diese Technologie nichts weniger als ein genialer Versuch, den gesamten Prozeß der Software-Erstellung neu zu definieren.

Objektorientierte Technologie ist mehr als eine Programmiersprache

Eine industrielle Revolution für die Software

Zwischen den Methoden der objektorientierten Technologie und dem Wandel, der während der Industriellen Revolution in der Fabrikation stattfand, gibt es eine deutliche Parallele. Im ersten Abschnitt dieses Kapitels erkläre ich diese Parallele, um die möglichen Vorteile des objektorientierten Ansatzes für die Software-Entwicklung zu verdeutlichen.

Es gibt eine Parallele zur Industriellen Revolution

Industrie als Handwerk

Vor zweihundert Jahren gab es noch keine Herstellung von Gütern wie wir sie heute kennen. Die Produkte wurden nacheinander gefertigt, von hochqualifizierten Handwerkern, die ihre Fertigkeiten während einer langen Lehrzeit erwerben mußten. Jeder Handwerker war für die Erstellung eines vollständigen Produkts verantwortlich, und er hatte für die Ausführung seiner Arbeit einen beachtlichen Spielraum zur Verfügung. Jedes Produkt trug

Materielle Güter wurden größtenteils handgefertigt

KAPITEL 7

die Handschrift desjenigen, der es erstellt hatte, und jedes war für sich ein Kunstwerk, im wörtlichen Sinne.

Beispiel: Beispielsweise hat ein Waffenschmied ein Gewehr von Grund auf selbst erstellt, beginnend bei Holzblöcken und Eisenstücken. Jedes Teil wurde sorgfältig bearbeitet, um eine ganz individuelle Waffe daraus entstehen zu lassen. Jede Schraube wurde selbst gedreht, individuell behandelt und von Hand an die Teile angepaßt, die sie zusammenhalten sollte. Ein fertiges Gewehr sah dann zwar grundsätzlich so aus wie andere Gewehre dieser Art, aber jedes war in seinen Details und in seiner Handhabung anders.

Herstellung eines Gewehrs

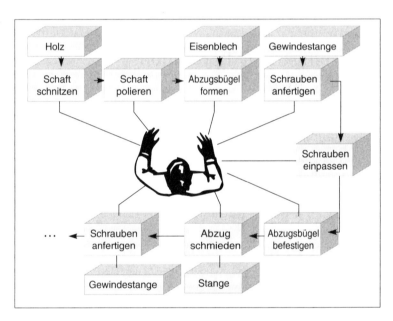

Das ist kein effizienter Ansatz für die Produktion

Dieser Ansatz zur Erstellung von materiellen Gütern hat etwas sehr ästhetisches an sich, und handgefertigte Produkte sind aufgrund ihrer Schönheit und Einzigartigkeit oft sehr wertvoll. Aber für eine sich entwickelnde Industriegesellschaft ließ dieser Ansatz viele Wünsche offen. Der Prozeß der Einzelfertigung war viel zu langsam, die Qualität des Produkts hing von der Gewandtheit des

Die Mächtigkeit von Objekten in der Praxis

Handwerkers ab, und der Prozeß war sehr teuer. Außerdem gab es keine Möglichkeit, die Herstellung zu standardisieren, und die Wartung der Produkte war oft unmöglich, da nur der Handwerker, der ein Produkt erstellt hatte, dieses auch reparieren konnte.

Eine neue Vorgehensweise bei der Herstellung

1798 hatte der Erfinder Eli Whitney die Idee, bei der Herstellung von Gewehren anders vorzugehen, die schließlich zu der modernen Form der Fabrikation führte. Das Grundkonzept, das hinter Whitneys Ansatz stand, war das Zusammensetzen von Gewehren aus Standardteilen, die zwischen den einzelnen Waffen beliebig ausgetauscht werden konnten. Die einzelnen Teile wurden jeweils von Spezialisten angefertigt, und streng definierte Vorgaben stellten sicher, daß diese Teile funktional identisch waren. Andere Spezialisten bauten die Teile zusammen und prüften das fertige Produkt.

Eli Whitney entwickelte einen neuen Ansatz

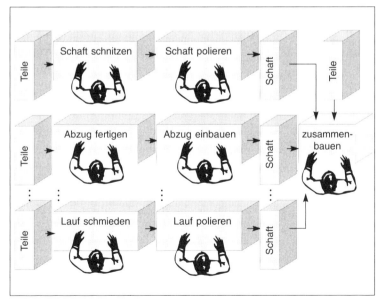

Gewehre in Massenproduktion

Kapitel 7

Dieser Ansatz hatte viele Vorteile

Whitney mußte zahlreiche technische Probleme überwinden, bevor er seine Idee in die Praxis umsetzen konnte, aber die Vorteile überwogen die Anstrengungen. Die Gewehre konnten viel schneller hergestellt werden, die Gesamtqualität wurde verbessert und die Kosten jeder Waffe reduzierten sich erheblich. Außerdem waren die Waffen nicht nur konsistenter in ihrer Ausführung, sie waren auch viel einfacher zu warten, da beschädigte Gewehre mit Standardteilen repariert werden konnten.

Whitney definierte eine neue industrielle Vorgehensweise

Whitneys Ansatz war keine Verbesserung der bereits existierenden Methoden, sondern eine radikale Abkehr von der bisherigen Denkweise – die Historiker nennen dies einen **Paradigmenwechsel**. Ein Paradigma ist eine Sicht der Welt, die auf tief verwurzelten Denkweisen beruht, welche nur selten in Frage gestellt werden, wie etwa die Annahme, daß einzelne Waffenschmiede komplette Waffen herstellen sollten.

Paradigmenwechsel sind immer schwierige Übergänge

Paradigmenwechsel stellen immer einen Schock dar und benötigen einige Zeit, sich zu etablieren, dabei war der von Whitney hervorgebrachte Ansatz keine Ausnahme. Es dauerte mehr als fünfzig Jahre, bis sich seine Methode auch in anderen Industriezweigen durchsetzte, und der einzige Grund, warum sie sich so schnell weiterentwickelt hat, waren die immensen Vorteile gegenüber der Konkurrenz, die sie ihren Anwendern schuf.

Ein Paradigmenwechsel in der Software

Auf diese Weise erstellen wir heutzutage Software!

Zweihundert Jahre nach der Industriellen Revolution erscheint die Erstellung von materiellen Gütern im Handwerk hoffnungslos veraltet. Und genau auf diese Weise erstellen wir heutzutage Software-Systeme. Jedes Programm ist ein Unikat, von Software-Handwerkern Stück für Stück aus Bestandteilen einer Programmiersprache zusammengesetzt. Jede Komponente des

Die Mächtigkeit von Objekten in der Praxis

Programms wurde genau für den Zweck erstellt, den sie im Gesamtprogramm erfüllen soll, und diese Komponenten können nur selten für die Erstellung eines anderen Programms verwendet werden.

Konventionelles Programmieren ist in etwa gleichzusetzen mit der Fabrikation von vor zweihundert Jahren. Die Programme sind teuer und zeitaufwendig zu erstellen, und ihre Qualität ist in hohem Maße abhängig von den Fähigkeiten der beteiligten Handwerker. Da jedes Programm ein Einzelstück ist, ist eine Standardisierung fast unmöglich und die Wartung ist eine wahre Herausforderung für jemanden, der am Erstellungs-Prozeß nicht beteiligt war.

Die Ergebnisse sind typisch für diese Herstellungsweise

Dieser Vergleich mit der Industriellen Revolution offenbart die wirkliche Absicht, die hinter dem objektorientierten Ansatz steht. Das Ziel ist nicht nur die Verbesserung des Programmier-Prozesses, sondern die Definition einer völlig neuen Vorgehensweise bei der Software-Erstellung. Wie alle Paradigmenwechsel wird auch dieser auf Widerstand und Skepsis stoßen, wird sich aber durchsetzen, wenn er alle versprochenen Vorteile realisiert. Und wenn es sich durchsetzt, wird das objektorientierte Paradigma eine wahre Revolution für das Computerzeitalter bedeuten.

Das Ziel ist eine Industrielle Revolution für die Software

Der Vorteil wiederverwendbarer Komponenten

Der Erfolg des objektorientierten Ansatzes hängt von der Entwicklung von standardisierten, wiederverwendbaren Objekten ab, die etwa Whitneys austauschbaren Gewehrteilen vergleichbar sind. Dies Objekte stellen die fundamentalen Bauteile der zukünftigen Software dar.

Wiederverwendbare Objekte sind wichtig

KAPITEL 7

Der Entwurf wiederverwendbarer Objekte

In gewisser Hinsicht ist das Problem der Standardisierung für die Software viel einfacher zu überwinden, da die eigentliche Erstellung von Komponenten trivial ist. Wenn Sie eine Klasse einmal definiert haben, sind alle Exemplare dieser Klasse garantiert identisch und perfekt ausgearbeitet. Objekte können in jeder beliebigen Anzahl erstellt werden, sie sind sofort verfügbar und es gibt keine Herstellungskosten. Der Traum von einem Fabrikanten also!

Eine Klasse, die Exemplare »fabriziert«

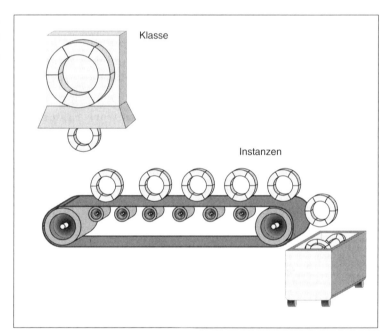

Die Herausforderung liegt in der Korrektheit der Klassen

Die Herausforderung liegt bei der Anwendung von Whitneys Methode auf die Software-Erstellung nicht auf Seiten der Herstellung sondern auf Seiten des Entwurfs. Die Designer von objektorientierten Systemen müssen Klassen so definieren, daß sie allgemein einsetzbar und einfach wiederverwendbar sind.

Die Mächtigkeit von Objekten in der Praxis

Das ist keine einfache Aufgabe. Um eine wiederverwendbare Klasse zu erstellen, müssen Sie eine viel weitere Perspektive berücksichtigen als bei der normalen Software-Erstellung. Während die momentane Verwendung einer Klasse offensichtlich ist, ist es schwierig, die zukünftigen Anwendungsfälle vorauszusehen. Welche anderen Dienstleistungen muß die Klasse in diesen Anwendungsfällen zur Verfügung stellen? Welche Features haben sich in ihre jetzige Konstruktion eingeschlichen, die nur für die momentane Anwendung wichtig und die für alle weiteren Anwendungen nur Ballast sind?

Die Wiederverwendbarkeit erfordert Planung und Anstrengungen

Der Trick liegt darin, eine Klasse vollständig genug zu entwerfen, daß alle zu erwartenden Aufgaben erfüllt werden, und sie dabei doch einfach und unabhängig von anderen Klassen zu halten, um eine gute Modularität zu gewährleisten. Der perfekte Entwurf wird nur selten beim ersten Anlauf schon gelingen, was ein Nachteil beim Entwurf von Klassen ist. Sie müssen in einer nach hinten offenen Weise konstruiert werden, so daß sie sich neuen Anforderungen anpassen können, und dabei die bestehenden Aufgaben immer noch erfüllen.

Klassen müssen weiterentwickelt werden

Glücklicherweise liegt die Last der Erstellung guter, wiederverwendbarer Klassen nicht allein auf den Schultern der Entwickler der objektorientierten Anwendungen. Es gibt drei Quellen für wiederverwendbare Klassen: einige sind in den verschiedenen objektorientierten Programmier-Sprachen enthalten, andere werden von Software-Firmen angeboten, die sich auf die Erstellung von wiederverwendbaren Klassen spezialisiert haben, und der Rest wird von den Entwicklern des eigenen Unternehmens erstellt.

Es gibt drei grundlegende Quellen für Klassen

KAPITEL 7

Drei Quellen für die Klassen

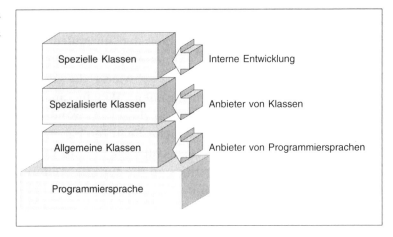

Klassen, die in den objektorientierten Sprachen enthalten sind

Die Programmiersprachen unterscheiden sich in ihrem Angebot an Klassen

Smalltalk ist ein gutes Beispiel für eine objektorientierte Sprache, die eine umfassende Bibliothek wiederverwendbarer Klassen enthält. Smalltalks eingebaute Klassen lösen alle Probleme, von der einfachen Addition bis zur komplexen Anzeigen-Verwaltung. Im Gegensatz dazu enthält C++ keine eingebauten Klassen in seiner Definition. Dennoch liefern die Hersteller von C++-Systemen normalerweise zusammen mit ihren Produkten eine kleine Anzahl von Klassen, um den Programmierern den Anfang zu erleichtern, und einige Anbieter stellen sogar umfassende Klassen-Bibliotheken zur Verfügung.

Eingebaute Klassen dienen meistens allgemeineren Zwecken

Bei allen Sprachen sind die mitgelieferten Klassen recht allgemein gehalten, so daß sie die Anforderungen fast aller Anwendungen erfüllen können. Einige typische Dienstleistungen, die mit diesen Klassen zur Verfügung gestellt werden, sind die Verwaltung von Objektmengen, die Plazierung von Fenstern auf dem Bildschirm und die Definition abstrakter Datentypen.

Die Mächtigkeit von Objekten in der Praxis

Klassen von externen Anbietern

Wir sind Zeugen der Geburt eines neuen Industriezweigs – es entstehen Firmen, deren eigentliches Geschäft das Erstellen und Verkaufen von wiederverwendbaren Klassen ist. Heute gibt es nur eine Handvoll solcher Firmen, aber wenn die Nachfrage nach Klassen wächst, wird ihre Anzahl rapide steigen. Normalerweise verkaufen die Anbieter spezialisiertere Klassen als in den objektorientierten Sprachen enthalten sind. Ein Anbieter offeriert beispielsweise Klassen für wissenschaftliche Anwendungen, ein anderer verkauft Klassen für grafische Darstellungen.

Software-Hersteller verkaufen bereits spezialisierte Klassen

Wie die Klassen, die mit den objektorientierten Sprachen geliefert werden, sind auch die von externen Anbietern gelieferten Klassen ausnahmslos von den Sprachen abhängig. Leider gibt es keine einfache Methode, die Klassen von einer Sprache zur einer anderen zu portieren.

Diese Klassen sind von den Sprachen abhängig

Da dieser Industriezweig noch ziemlich jung ist, unterscheiden sich die Klassen von verschiedenen Anbietern oft sehr in Stil und Qualität. Außerdem sind die Klassen verschiedener Anbieter oft nicht miteinander kompatibel, auch wenn sie in derselben Sprache geschrieben wurden. Mit dem Ausreifen dieses Industriezweigs wird es jedoch sicher bald Standards geben, die es erlauben, daß die Klassenpakete einfacher kombiniert werden können.

Kommerzielle Klassen unterscheiden sich in ihrer Qualität und können selten kombiniert werden

Erstellen eigener Klassen

Um die Klassen zu vervollständigen, die mit den objektorientierten Sprachen geliefert und von externen Anbietern gekauft werden, können die Unternehmen auch ihre eigenen Klassen erstellen. Zur Zeit verfolgen die objektorientierten Entwicklungsgruppen dieses Ziel für die meisten ihrer Klassen. Diese Vorgehensweise sollte sich

Klassen können auch im eigenen Unternehmen erstellt werden

zum Standard entwickeln, damit die Klassen leichter verfügbar werden. Mit der Schwierigkeit der Erstellung hochqualitativer, allgemeiner Klassen, ist es nicht lukrativ für die Unternehmen, in einfachere Klassen zu investieren, wenn sie sich eigentlich mit komplexen Anwendungen befassen wollen. Das wäre genauso sinnvoll, als wenn sich Bauunternehmer ihre eigenen Nägel schmieden würden.

Die spezialisiertesten Klassen sollten angeboten werden

Im allgemeinen sollten sich die Entwicklungs-Teams darauf konzentrieren, die spezialisierten Klassen zu erstellen, die für die Operationen von bestimmten Unternehmen einzigartig sind. Dies sind die Klassen, die es wahrscheinlich noch nicht zu kaufen gibt, und die den Unternehmen, die sie erstellen, sicher einen Konkurrenzvorteil verschaffen.

Ein neuer Ansatz bei der Software-Erstellung

Objekte müssen zu Lösungen zusammengesetzt werden

Der erste Schritt bei der Erstellung objektorientierter Software-Systeme ist das Schaffen einer richtigen Grundmenge von wiederverwendbaren Objekten. Der nächste logische Schritt wäre das Zusammensetzen dieser Objekte zu funktionierenden Systemen. Es stellt sich jedoch heraus, daß es noch eine Alternative gibt, die von den wiederverwendbaren Objekten direkt zu kompletten Systemen führt. Dieser Zwischenschritt scheint die Dinge zwar zu verkomplizieren, auf lange Sicht werden sie dadurch jedoch enorm vereinfacht.

Die Mächtigkeit von Objekten in der Praxis

Schaffen von Lösungen direkt aus Objekten

Der konventionelle Ansatz der Software-Entwicklung definiert ein Problem, entwirft eine Lösung und übersetzt diese Lösung in Prozeduren. Dieser Ansatz funktioniert auch mit Objekten ganz gut, und viele Entwicklungs-Teams verwenden die objektorientierte Technologie auf genau diese Art und Weise, insbesondere für ihre ersten Projekte. Aber dieser Ansatz fordert eine Menge von Einbußen der Vorteile der objektorientierten Technologie, da die Wiederverwendbarkeit nur auf die allergrundlegendsten Objekte beschränkt bleibt.

Lösungen können direkt mit Objekten geschaffen werden

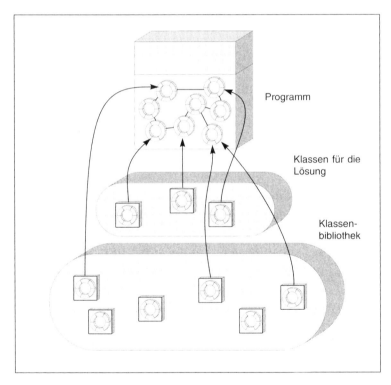

Neue Klassen definieren Systeme

KAPITEL 7

Objekte werden zusammengesetzt, indem neue Klassen hinzugefügt werden

Um das zu verstehen, überlegen Sie einmal, was es bedeutet, Objekte zu einem System zusammenzusetzen. Ein objektorientiertes Programm besteht vollständig aus Objekten, die miteinander über Nachrichten kommunizieren. Die einzige Möglichkeit, ein Objekt dazu zu bringen, etwas anderes auszuführen, ist die Definition von komplexen Steuerungsobjekten, die ihm die Nachrichten in einer neuen Kombination schicken. Wenn Sie bereits existierende Objekte zu Systemen zusammenbauen, definieren Sie also einfach neue Objekt-Klassen und bringen Sie in Beziehung zu den anderen Klassen.

Das Hinzufügen von Objekten für spezifische Lösungen bildet eine Einschränkung

Sie könnten diese komplexen Objekte ganz auf ein spezielles Problem abstimmen, wie beim konventionellen Ansatz. Aber in diesem Fall müßten Sie für jedes Problem völlig neue komplexe Objekte erstellen. Es gibt eine einfachere Möglichkeit, Systeme zu erstellen, die den eigentlichen objektorientierten Sprach-Simulationen entsprechen.

Die Stärke liegt im Modell

Ein besserer Ansatz liegt im Erstellen eines Modells

Das meiste können Sie aus der objektorientierten Technologie herausholen, indem Sie ein Modell erstellen, das einige Aspekte der Operationen in Ihrem Unternehmen nachbildet, und immer komplexere Versionen dieses Modells zu erstellen, bis ein paar zusätzliche Objekte ihm eine neue und interessante Funktion geben können. Nur dann führen Ihre Bemühungen zu einer Lösung spezieller Probleme.

Die Mächtigkeit von Objekten in der Praxis

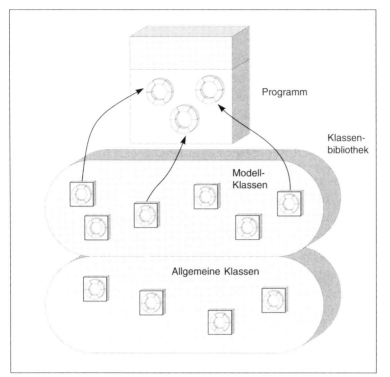

Erstellen von Anwendungen aufgrund von Modellen

Diese Strategie der Modellbildung hat einige wichtige Vorteile. Alle komplexen Objekte so wie auch das Modell selbst sind von allgemeiner Natur und können für zukünftige Projekte wiederverwendet werden. Außerdem sind Lösungen, die mithilfe eines Modells erstellt wurden, flexibler, als Lösungen, die direkt auf einfachen Objekten basieren. Wenn sich die Operationen in Ihrem Unternehmen verändern, können Sie das zugrundeliegende Modell normalerweise verändern, ohne daß Sie die komplexen Klassen verändern müßten, aus denen die einzelnen Lösungen bestehen.

Dieser Ansatz hat wichtige Vorteile

KAPITEL 7

Die Kosten für die Modellierung müssen sich amortisieren

Natürlich haben diese Vorteile ihren Preis; für die Erstellung eines allgemeinen Modells benötigt man mehr Zeit, Energie und Voraussicht, als für die Erstellung einer angepaßten Lösung. Um diese Kosten zu rechtfertigen, müssen Sie sie während mehrerer Entwicklungsprojekte amortisieren. Nur wenn das Modell zur Lösung mehrerer verschiedener Probleme verwendet wurde, zahlt sich die Erstellung des Modells in Form schnellerer Entwicklungszeiten und vielseitigerer Lösungen aus.

Beispiel: Erweiterung eines Programms zur Rechnungsstellung

Das Beispiel im Kapitel 2, in dem ein System zur Rechnungsstellung die Kundenadressen und die Mahnungen verwalten soll, wird dies verdeutlichen. Für ein konventionelles System ist diese Aufgabe extrem unvernünftig. Das System für die Rechnungsstellung wurde für einen sehr bestimmten Zweck entwickelt, und es wären umfangreiche Veränderungen nötig, damit diese zusätzlichen Funktionen ausgeführt werden können.

Ein dediziertes System zur Rechnungsstellung

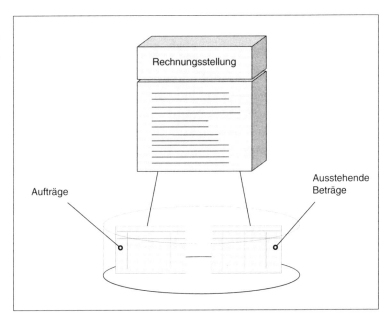

Die Mächtigkeit von Objekten in der Praxis

Im Gegensatz dazu könnte ein allgemeines Modell der Kommunikation des Unternehmens mit seinen Kunden diese drei Anwendungen und noch vieles darüber hinaus beschreiben. Um das Problem der Rechnungsstellung zu lösen, müßte das Modell notwendigerweise Klassen für die einzelnen Kommunikationsformen mit den Kunden enthalten, wie etwa Aufträge, Versandpapiere, Rechnungen und Zahlungseingänge. Um das Modell zu erweitern, müßten Sie einfach nur eine neue Klasse für die Kundenadressen und das Mahnwesen einführen. Alle Dienstleistungen zur Kommunikation könnten damit automatisch auf diese neuen Kommunikationsformen angewendet werden, ohne daß das Modell geändert werden müßte.

Ein Modell der Kommunikation mit dem Kunden ist viel flexibler

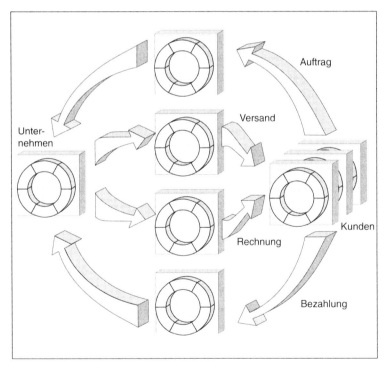

Ein Modell der Kommunikation mit den Kunden

KAPITEL 7

Schnelles Prototyping

Die Modellierung ermöglicht schnelle Entwicklungszeiten

Natürlich müssen die wiederverwendbaren Objekte und die Modelle irgendwie in Lösungen umgewandelt werden. Aber wenn ein bestimmtes Problem vom Unternehmen selbst schon gelöst worden ist, stellt der Mehraufwand, der für die Implementierung dieser Lösung entsprechend eines bereits existierenden Modells benötigt wird, nur ein Bruchteil der Arbeit dar, die für eine völlige Neuerstellung dieser Lösung benötigt würde. Da es sich um eine viel kleinere Aufgabe handelt, die direkt ausgeführt werden kann, nennt man diese Technik auch schnelles Prototyping.

Schnelles Prototyping führt schnell zu einer Lösung

Mit dem **schnellen Prototyping** kann ein Manager eine informelle Beschreibung des zu lösenden Problems erstellen, wie etwa für das Hinzufügen der Adressverwaltung zu einem Kundenverwaltungssystem. Ein Programmierer beginnt mit dem bereits existierenden System der Kommunikationen mit den Anwendern und baut mit Standardobjekten einen vorläufigen Prototyp des Systems auf, der beispielsweise die Erstellung von Formbriefen, Menü-Schnittstellen und Tätigkeitsberichte verwalten kann. Durch diese Möglichkeit der schnellen Zusammensetzung von Objekten kann ein erfahrener Programmierer schon innerhalb von einigen Tagen oder höchstens zwei Wochen eine vorläufige Lösung erstellen.

Die Lösung entsteht aus Zusammenarbeit

Jetzt setzen sich der Manager und der Programmierer zusammen und werten diesen Prototyp aus. Sie führen ihre Arbeit als Partner fort, konkretisieren sowohl das Problem als auch seine Lösung, bis der Prototyp so weit entwickelt ist, daß er für den täglichen Einsatz verwendet werden kann. Der objektorientierte Prototyp wird im Gegensatz zu konventionellen Prototypen niemals weggeschmissen. Durch die Flexibilität der objektorientierten Software kann der Programmierer den Prototyp schrittweise von einem vorläufigen Entwurf hin zu einem einsatzfähigen

Die Mächtigkeit von Objekten in der Praxis

Programm entwickeln. Und dieses Programm kann immer weiter entwickelt werden, auch wenn es schon in Betrieb genommen wurde, wenn neue Features hinzugefügt werden sollen oder wenn sich die Anforderungen des Unternehmens ändern.

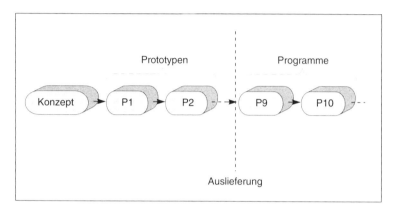

Schnelles Prototyping

Dieser Ansatz der Software-Entwicklung ist viel schneller als die konventionelle »Wasserfall«-Methode, die in den meisten großen Firmen heutzutage angewendet wird, und die die Erstellung und Akzeptanz zahlreicher detaillierter Dokumente erfordert, bevor überhaupt eine Prozedur geschrieben wird. Der objektorientierte Ansatz produziert auch bessere Systeme, da die konventionelle Methode keine Veränderungen mehr erlaubt, wenn die tatsächliche Programmierung einmal begonnen hat. Diese Einschränkung frustriert viele Manager unendlich, weil sie oft nicht genau wissen, was sie eigentlich wollen, bis sie es auf dem Bildschirm vor sich sehen, und dann ist es zu spät, Änderungen zu machen!

Dieser Ansatz ist schnell und produziert bessere Systeme

KAPITEL 7

*Der konventionelle
Entwicklungszyklus*

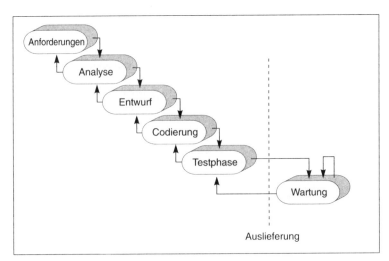

Die Struktur des
Wasserfalls ist nur
eine Illusion

Diese Art des konventionellen Software-Entwicklungszyklus frustriert alle beteiligten. Denn in der heutigen Realität der Software-Entwicklung bleiben die Voraussetzungen in den Unternehmen nicht mehr lange genug stabil, als daß man sich den Luxus solcher detailliert ausgearbeiteter, mehrstufiger Prozesse leisten könnte – auch wenn das der ideale Weg für die Entwicklung von Systemen wäre. Schnelles Prototyping ist eine realistischere Reaktion auf die steigende Nachfrage nach schneller Software-Entwicklung.

Aber das schnelle
Prototyping ist
nicht das gleiche
wie »Hacken«

Das schnelle Prototyping sollte jedoch nicht mit dem unüberlegten, unstrukturierten Programmierstil, der auch als »Hacken« bekannt ist, verwechselt werden. Das schnelle Prototyping in der objektorientierten Entwicklung ist wohlstrukturiert, da die neuen Lösungen aus erprobten Standard-Objekten erstellt werden, die bereits in einem konsistenten Modell der Aktionen im Unternehmen funktionieren. Objektorientiertes Prototyping ist kein Vorwand, um die Disziplin in der Software-Entwicklung zu vernachlässigen. Es ist vielmehr ein anderer, schnellerer Weg zur Erstellung disziplinierter, gut strukturierter Programme.

Die Mächtigkeit von Objekten in der Praxis

Evolutionäre Systeme

Der generelle Ablauf für die Erstellung von objektorientierten Systemen sieht folgendermaßen aus: Erstellen einer Bibliothek wiederverwendbarer Klassen, Verwendung dieser Klassen zur Konstruktion eines Modells der benötigten Prozesse und Entwicklung von Lösungen aus diesem Modell über schnelles Prototyping. Diese drei Entwicklungsphasen sind eng miteinander verknüpft, da jede Phase ein Feedback für die vorausgehende Phase liefert – die Lösung neuer Probleme zeigt Schwachstellen des Modells auf, und regt die Entwicklung neuer Klassen an usw.

Objektorientierte Systeme werden in drei Phasen erstellt

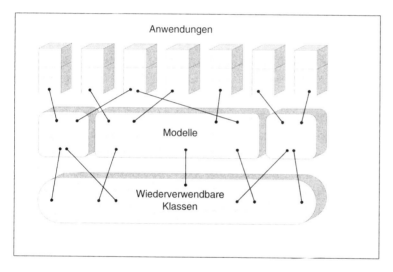

Drei Schichten bei der Konstruktion

Diese drei Phasen stellen jedoch nicht die gesamte objektorientierte Entwicklung dar. Im Gegensatz zur konventionellen Software werden objektorientierte Programme so entworfen, daß sie verändert werden können. Während der Prototyping-Phase werden objektorientierte Systeme mehrmals »entwickelt«, und sie werden auch nach ihrer Fertigstellung entsprechend der Erfordernisse weiterentwickelt. Im Gegensatz zum konventionellen Prototyping

Systeme können mehrere Male entwickelt werden

werden objektorientierte Prototypen nicht weggeworfen und durch eine »Produktions-« Version ersetzt, so daß der einzig wirkliche Unterschied zwischen den Prototypen- und Produktionsphasen ist, daß das System wirklich zum Einsatz kommt.

In diesem Ansatz liegt eine Gefahr

Natürlich lauert in diesem Ansatz zur Software-Entwicklung eine Gefahr; wenn Systeme nie formal »erstellt« werden, kann es sehr schwierig sein, die Zeit und die Kosten für ihre Entwicklung zu kontrollieren. Tatsächlich liegt ein Schwachpunkt der objektorientierten Systeme in der »schleichenden Feature-Entwicklung«, da es so einfach ist, einem Prototyp immer mehr neue Features hinzuzufügen.

Genaue Phasen und Termine müssen festgesetzt werden

Die einfachste Lösung für dieses Problem ist es, ein Budget und einen Termin für die Entwicklung einer grundlegenden Funktionalität festzulegen, mit einer »Wunschliste« von erstrebenswerten Zusätzen. Die Arbeit für das Prototyping besteht aus der Implementierung der grundlegenden Features und dem Einbau so vieler Extras, wie es die Vorgabe von Zeit und Geld erlaubt. Wenn der Schnittpunkt erreicht ist, wird die Funktionalität beibehalten und die Arbeit konzentriert sich auf die Umsetzung des Prototyps in ein robustes, einsatzfähiges Programm. Eventuelle Zusätze werden als weitere Entwicklungsphasen geplant und kalkuliert.

Objektorientierte Systeme wachsen und entwickeln sich weiter

Die evolutionäre Natur der objektorientierten Programmierung wird oft mit dem organischen oder sozialen Wachstum verglichen. Komplexe, umfangreiche Systeme werden selten abstrakt entworfen und dann entsprechend einer bestimmten Vorlage zusammengebaut. Natürlich werden solche Konstruktionen wie Wolkenkratzer oder Düsenflugzeuge ausführlich entworfen. Aber auch diese komplexen Systeme sind völlig bedeutungslos im Vergleich mit der Größe und der Subtilität von natürlichen Systemen wie einem Planetensystem oder einfach nur einem

Die Mächtigkeit von Objekten in der Praxis

menschlichen Körper, Systemen die sich über tausende von Variationen und natürlichen Selektionen entwicklet haben. Genauso sind solche komplexen kulturellen Konstrukte wie Gesetz und Regierung und die freie Wirtschaft Produkte von kulturellem Trial und Error.

Diese Parallelen zeigen, daß der objektorientierte Ansatz für die Software-Entwicklung, mit seiner Betonung auf der Weiterentwicklung und Anpassung, für die Erstellung viel subtilerer Systeme verwendet werden kann, als es die konventionellen Techniken für Analyse und Entwurf erlauben. Damit könnte diese neue Technologie genau auf das Herz der Software-Krise zielen, und uns erlauben, viel größere Systeme zu entwickeln, als wir uns momentan vorstellen können.

Das ermöglicht viel subtilere Systeme

KAPITEL 8
Abschätzung der Risiken und der Vorteile

Bevor Sie als Manager sich für eine neue Technologie entscheiden können, müssen die Vorteile dieser Technologie wirkliche Kosteneinsparungen sichtbar machen. Genauso wichtig ist, daß die Nachteile der Technologie realistisch abgeschätzt werden. Dieses Kapitel bietet Ihnen eine objektive Analyse der potentiellen Kosten und der Vorteile der objektorientierten Technologie.

Eine objektive Analyse der Kosten

Um diese Analyse kurz und objektiv zu halten, habe ich sie auf sieben Argumente für und sieben Argumente gegen die Einführung der objektorientierten Technologie beschränkt. Am Ende des Kapitels finden Sie Ratschläge, wie eine Firma diese Technologie erproben und eigene Abschätzungen bezüglich der Kosten und Vorteile machen kann.

Sieben Argumente für das Pro und Kontra

Mögliche Vorteile

Die objektorientierte Software-Erstellung weist dieselben Vorteile auf wie die moderne Fabrikation: schnellere Produktion, höhere Qualität und leichtere Handhabung, und das zu geringeren Kosten. Außerdem führt der objektorientierte Ansatz zu umfassenden Systemen, die die Information effektiver organisieren und die die Anpassung an wechselnde Voraussetzungen erleichtern.

Die Vorteile können mit denen der Fabrikation verglichen werden

KAPITEL 8

1. Beschleunigte Entwicklung

Die Entwicklung wird aus dreierlei Gründen beschleunigt

Ein offensichtlicher Vorteil des objektorientierten Ansatzes liegt darin, daß Sie Ihre Software in einem Bruchteil der Zeit entwickeln können, die bei konventionellen Methoden dafür verbraucht würde. Diese Zeitersparnis ist das Ergebnis von drei verschiedenen Techniken: dem Zusammensetzen von Software aus Standard-Objekten, der Wiederverwendung von bereits existierenden Modellen ähnlicher Prozesse und der Einführung schnellen Prototypings anstelle von konventionellen Entwicklungsphasen.

Die Beschleunigung resultiert aus den Dingen, die nicht gemacht werden

Beachten Sie, daß ich nicht unterstelle, daß es ist schneller ist, Zeile für Zeile ein objektorientiertes Programm zu schreiben – in der Regel geschieht das sogar langsamer als bei der herkömmlichen Programmierung. Der Geschwindigkeitsvorteil resultiert vollständig aus den Arbeitsschritten, die bei der Erstellung eines neuen Programms **nicht** ausgeführt werden müssen, das sind alle Anstrengungen beim Programmieren, die bei der Wiederverwendung von bereits existierenden Objekten wegfallen, alle Design-Schwierigkeiten, die für ein bereits existierendes Modell eines Prozesses auftraten, und alle formalen Prozesse, die beim schnellen Prototyping gar nicht erst anfallen. Ein bloßes Umsteigen auf eine objektorientierte Sprache würde den Entwicklungsprozeß nicht im geringsten beschleunigen. Die gesamte Vorgehensweise muß angepaßt werden, wenn Sie signifikante Einsparungen der Entwicklungszeiten erzielen wollen.

Die Einschätzung dieses Vorteils kann unterschiedlich ausfallen

Viele Befürworter der objektorientierten Technologie gehen von einer Verminderung der Entwicklungszeit um den Faktor 10 aus, wenn statt der konventionellen Programmier-Methoden objektorientierte Techniken verwendet werden. Leider hat keiner von ihnen bis jetzt einen schrittweisen Vergleich der beiden Ansätze veröffentlicht, um diese Behauptung zu stützen. Dennoch gibt es immer mehr Anzeichen dafür, die darauf hinweisen, daß eine

Abschätzung der Risiken und der Vorteile

Produktivitätssteigerung von mindestens zwanzig Prozent möglich ist, und viele Anwender berichten von noch höheren Einsparungen. Der strengste Vergleich, den ich kenne, hat bei einer Anwendung in der Wirtschaft eine Produktivitätssteigerung von sieben Prozent ergeben. Es gibt also keinen Zweifel darüber, daß bei der Entwicklungszeit große Zeitersparnisse realisiert werden können.

2. Höhere Qualität

Die objektorientierte Technologie kann nicht nur die Entwicklung beschleunigen, sie kann auch die Qualität verbessern. Diese Steigerung der Qualität liegt vor allem in der Tatsache, daß die Programme aus bereits existierenden Programmen entstehen und nicht von Grund auf neu entwickelt werden. Außerdem reduziert die hochentwickelte Modularisierung der objektorientierten Technologie die Interaktion zwischen den einzelnen Programmkomponenten, und damit kann leichter nachgeprüft werden, ob das Programm unter allen möglichen Bedingungen korrekt arbeitet.

Es gibt verschiedene Wege zur Qualitätsverbesserung

Natürlich garantiert die objektorientierte Technologie nicht automatisch Qualitätsverbesserungen. Man kann auch schlechte objektorientierte Programme schreiben, genau so wie unter Verwendung der konventionellen Techniken.

Die Qualität muß immer von Menschen erbracht werden

Aber die objektorientierte Technologie stellt eine Menge von Werkzeugen zur Verfügung, mit denen Qualität erzeugt werden kann. Das Engagement für die Qualität muß von seiten der Firmen und der Anwender der objektorientierten Technologie kommen.

3. Einfachere Wartung

Die Wartung objektorientierter Programme ist einfacher

Die objektorientierte Technologie kann auch die Software-Wartung erleichtern, insbesondere das Auffinden und Beheben von Fehlern. Natürlich ist die beste Wartungsmethode, von Anfang an auf die Qualität des Produkts zu achten. Der Wartungsaufwand wird durch die objektorientierte Technologie einfach deswegen verringert, weil sie qualitativ hochwertigere Systeme produziert. Wenn in einem objektorientierten System Fehler auftreten, sind sie normalerweise leicht zu lokalisieren, da die Software-Struktur eine genaue Abbildung des realen Systems ist, das sie modelliert.

Fehler können leichter korrigiert werden

Wenn die Fehler einmal lokalisiert sind, können sie aufgrund der Modularität der objektorientierten Software leicht korrigiert werden, da diese Veränderungen nur einen kleinen Teil des Programms betreffen. Ein typisches Problem bei der Korrektur in konventionellen Programmen ist, daß jede Korrektur zwei neue Fehler verursacht, die wieder lokalisiert und korrigiert werden müssen, wobei dann vier neue Fehler entstehen, usw. Diese Kettenreaktion ist in einem objektorientierten System unwahrscheinlich, da sich die Korrekturen normalerweise nur lokal auswirken.

4. Reduzierte Kosten

Eine schnellere Entwicklung verbraucht weniger Ressourcen

Die objektorientierte Technologie bewirkt eine Reduzierung der Kosten in der Software-Entwicklung in drei Bereichen: Programmierung, System-Design und Administration. Der Aufwand bei der Programmierung reduziert sich, da Sie aus bereits existierenden Komponenten neue Programme erstellen können. Das schnelle Prototyping reduziert den Aufwand für Design und Administration bei der Software-Entwicklung, der oft mehr als achtzig Prozent

Abschätzung der Risiken und der Vorteile

des gesamten Aufwands ausmacht. Diesen verringerten Einsatz von Ressourcen kann man direkt in Kosteneinsparungen umrechnen.

Mit der ständig steigenden kommerziellen Verfügbarkeit wiederverwendbarer Klassen können Unternehmen viel Geld sparen, indem sie Standard-Klassen kaufen, anstatt sie selbst zu erstellen. Da die Anbieter dieser Klassen ihre Kosten durch mehrfache Verkäufe amortisieren können, verkaufen sie die wiederverwendbaren Klassen für einen Bruchteil des Betrags, der für die Neuentwicklung aufgewendet werden müßte. Das ist für die Unternehmen eine attraktive Alternative für die klassische Entscheidung Erstellen/Kaufen; sie können Standard-Komponenten von kommerziellen Anbietern kaufen und sie eigenständig entsprechend zusammensetzen. Das Ergebnis ist ein maßgeschneidertes Programm für einen Bruchteil der sonst üblichen Kosten.

Es ist billiger, Komponenten zu kaufen, als sie zu erstellen

Qualitativ hochwertige Systeme und reduzierter Wartungsaufwand bewirken auch Kosteneinsparungen. Da die Wartung oft mehr als die Hälfte der Kosten für ein System ausmacht, können die Unternehmen in diesem Bereich eine entscheidende Einsparung erzielen.

Die verringerte Wartung reduziert auch Kosten

5. Verbesserte Normierung

Mit der verbesserten Modularisierung ist die objektorientierte Programmierung außerordentlich gut für die Entwicklung umfassender Systeme geeignet. Große Systeme sind leichter zu erstellen und zu warten, wenn sie sich aus Untersystemen zusammensetzen, die unabhängig voneinander entwickelt und getestet werden können. Außerdem können Sie unter Verwendung der Überlade-Techniken, die in Kapitel 4 beschrieben wurden, einem System neue Objekttypen hinzufügen, ohne daß Sie die bereits existierenden Objekte verändern müssen. Damit kann ein System

Objektorientierte Technologie bewirkt eine bessere Normierung

geradezu organisch wachsen, und es muß nicht bei jeder Erweitung neu entworfen werden. Kurz gesagt kombiniert die objektorientierte Technologie die Mächtigkeit der modularen Programmierung mit den Vorteilen des Polymorphismus, womit ein System eleganter normiert werden kann als je zuvor.

Die Erweiterbarkeit erfordert einen umsichtigen Entwurf

Die Unterstützung sehr großer Systeme ist einer der wichtigsten Vorteile der objektorientierten Technologie. Dennoch macht das objektorientierte Programmieren große Systeme nicht automatisch durchführbar. Erfahrungsgemäß erfolgt diese elegante Normierung nur für Systeme, die solide erstellt wurden, die aus allgemeingültigen Klassen bestehen und die exakte, flexible Modelle verwenden.

6. Verbesserte Informationsstrukturen

Die Informationsstrukturen werden anspruchsvoller

Durch die Verwendung von zusammengesetzten Objekten, Klassenhierarchien und anderen Strukturen kann die objektorientierte Technologie die immer komplexer werdenden Informationen, auf die die Unternehmen angewiesen sind, effektiv darstellen. Darüber hinaus geht diese höhere Komplexität nicht auf Kosten des Zugriffs. Die Tatsache, daß die objektorientierten Strukturen der Art und Weise entsprechen, wie Menschen die Realität organisieren und begreifen, bedeutet, daß die umfangreicheren Strukturen letztendlich einen leichteren Zugriff auf Informationen bieten.

Sie können auch Aktions-Komponenten beinhalten

Ein ähnlicher Vorteil liegt darin, daß durch das Koppeln von Prozeduren mit Daten die Informationssysteme außer der Darstellung von Strukturen auch Aktionen beinhalten können. Das bedeutet eine Wandlung von Informationssystemen in Wissenssysteme, die die Informationen eines Unternehmens nicht nur organisieren, sondern auch die

Abschätzung der Risiken und der Vorteile

entsprechenden Aktionen für diese Informationen initiieren.

7. Verbesserte Anpassungsfähigkeit

Egal wie perfekt ein Programm auch ausgearbeitet sein mag, es ist nutzlos, wenn es den tatsächlichen Anforderungen nicht entspricht. Sehr zum Nachteil für die traditionellen Entwicklungsmethoden ändern sich die Anforderungen moderner Unternehmen immer mehr. Die Anpassungsfähigkeit von objektorientierten Programmen erweist sich vielleicht noch als der entscheidendste Vorteil der objektorientierten Technologie.

Die Anpassungsfähigkeit ist von entscheidender Bedeutung

Mit objektorientierter Software können Sie in einem Programm lokale Veränderungen durchführen, ohne daß das gesamte System neu erstellt werden müßte. Sie können zum Beispiel neue Objektarten hinzufügen, die im ursprünglichen Entwurf nicht berücksichtigt wurden – etwa neue Produkte oder Interfaces für neue Maschinen –, und alle anderen Objekte des Systems werden diese neuen Objekte so behandeln, als ob diese immer schon vorhanden gewesen wären. Das ist einer der entscheidenden Vorteile bei der nachrichtenbasierten Programmierung.

Veränderungen können erfolgen, ohne daß das System neu erstellt werden muß

Mögliche Nachteile

Wenn die objektorientierte Technologie auch viele Vorteile verspricht, gibt es dennoch berechtigte Zweifel bezüglich der Realisierung dieser Vorteile. Die meisten dieser Bedenken betreffen die derzeitig noch vorhandenen Einschränkungen, die aber mit der Weiterentwicklung der Technologie und ihres Marktes verschwinden sollten. Dennoch bleiben sie wichtige Kriterien für die Entschei-

Es gibt durchaus auch Nachteile dieser Technologie

dung für diese Technologie, wenn diese heute getroffen werden soll.

1. Die Ausgereiftheit der Technologie

Die Technologie entwickelt sich weiter

Auch wenn das objektorientierte Programmieren seit mehr als zwanzig Jahren auf dem Markt ist, handelt es sich noch lange nicht um eine ausgereifte Technologie. Der Großteil dieser zwei Jahrzehnte wurde in Forschungslaboratorien verbracht, wobei vor allem auf die Entwicklung, und nicht auf ihre Vermarktung geachtet wurde. Auf lange Zeit betrachtet wird diese Forschung die Technologie vervollkommnen. Aber diese akademische Entwicklung bedeutet einen Nachteil für die Unternehmen, die die objektorientierte Technologie heute anwenden wollen.

Die Software muß aufgrund neuer Entwicklungen vielleicht verändert werden

Ein Problem ist, daß die bereits eingesetzten Systeme vielleicht verändert werden müssen, um die neuen Vorteile der Technologie-Entwicklung zu genießen. Das ist möglicherweise kein ernsthaftes Problem, da die neuen Versionen objektorientierter Sprachen so entworfen werden, daß sie Systeme unterstützen, die mit älteren Versionen erstellt wurden, und damit ist den Unternehmen freigestellt, ob sie die Veränderungen durchführen wollen. Aber das ist nur eine Überlegung.

Es gibt keine erprobten Entwicklungs-Methoden

Weit ausschlaggebender ist, daß es sich bei der Entwicklung von objektorientierten Systemen immer noch mehr um Kunst als um Wissenschaft handelt. Einige der grundlegenden Prinzipien sind klar definiert – die Wiederverwendbarkeit, die Modellierung von Systemen der realen Welt, die maximale Modularität, um nur drei aufzuzählen – aber die derzeitigen Techniken und Prozeduren für die Realisierung dieser Prinzipien sind noch nicht zufriedenstellend entwickelt. Für eine Anleitung zur objektorientierten Programmierung wäre ein Regelsatz ähnlich dem der strukturierten Programmierung nötig.

2. Standards werden benötigt

Da die Technologie sich immer noch in der Entwicklung befindet, fehlen Standards, die eine Konsistenz zwischen Implementierungen ein und derselben Sprache garantieren könnten. Ohne akzeptierte Standards haben die Unternehmen Schwierigkeiten, ihre Programme auf verschiedene Entwicklungsumgebungen zu portieren. Dieser Mangel an Portierbarkeit wirft Zweifel an der Kompetenz eines einzigen Anbieters für kritische Informationssysteme auf. Wenn der Anbieter plötzlich vom Markt verschwindet, was wird dann aus dem System?

Für die Sprachen gibt es noch keine akzeptierten Standards

Der Mangel an akzeptierten Standards macht es auch schwierig, die Klassen von verschiedenen Anbietern in einer Bibliothek wiederverwendbarer Klassen zu kombinieren. Das ist aber kein schwerwiegendes Problem, da es nur wenige Anbieter wiederverwendbarer Klassen gibt. Voraussichtlich wird dieses Problem in den nächsten Jahren jedoch schwerwiegender, wenn die Unternehmen anfangen, die grundlegenden Komponenten ihrer Informationssysteme von externen Anbietern zu kaufen.

Es ist schwierig, Klassen verschiedener Anbieter zu kombinieren

3. Die Notwendigkeit besserer Werkzeuge

Für die Unterstützung objektorientierter Programmierung herrscht ein großer Mangel an geeigneten Werkzeugen. Unter Werkzeugen versteht man dabei etwa Programme, die den Entwurf von Objekten unterstützen, die Bibliotheken wiederverwendbarer Objekte verwalten, die die Dateneingabe entwerfen und verwalten und die die Arbeit großer Programmier-Teams koordinieren.

Es gibt nur wenige geeignete Software-Werkzeuge

Die Werkzeuge hinken immer hinter der Technologie her

Werkzeuge, die die Anwendung einer neuen Technologie erleichtern könnten, hinken immer hinter der Entwicklung dieser Technologie hinterher, dabei bildet die objektorientierte Technologie keine Ausnahme. Das Problem ist für diesen Fall jedoch akut, da sich der objektorientierte Ansatz erheblich von den bisherigen Methoden unterscheidet.

Beispiel: Verwaltung von Klassen-Bibliotheken

Das Problem der Verwaltung der Klassen-Bibliotheken ist eine genauere Betrachtung wert. Ein Team objektorientierter Programmierer verwendet meistens wiederverwendbare Klassen, und die meiste Zeit wird dabei bei der Auswahl der richtigen Klassen aus den hunderten oder sogar tausenden Möglichkeiten in der Bibliothek verbraucht. In Anbetracht des Zeitaufwands der Programmierer für diese Auswahl ist es wichtig, gute Werkzeuge für die Auswahl von Klassen entsprechend ihrer Kategorie, ihrem Einsatz, ihrem Ursprung, ihrer Verwendung und anderen grundlegenden Eigenschaften zu haben. Im besten Fall stellen die aktuellen objektorientierten Sprachen einfache »Browser« zur Verfügung, die die Suche nach Klassen nach ein oder zwei dieser Eigenschaften realisieren.

4. Ausführungsgeschwindigkeit

Objektorientierte Programme sind vielleicht langsamer

Da die objektorientierten Sprachen mehr Möglichkeiten zur Verfügung stellen als herkömmliche Sprachen, ist die damit produzierte Software vielleicht langsamer als herkömmliche Programme. Wenn zum Beispiel ein Programm die Anzahl und die Datentypen von Parametern einer Nachricht vergleichen soll, um zu entscheiden, welche Methode angewandt werden soll, dann kann die Annehmlichkeit der Wiederverwendbarkeit von Namen eine Einbuße der Ausführungsgeschwindigkeit bedeuten.

Abschätzung der Risiken und der Vorteile

Die Einschätzung der Geschwindigkeit objektorientierter Systeme erfolgte hauptsächlich für Systeme, die noch nicht auf Geschwindigkeit hin ausgerichtet waren. Moderne objektorientierte Sprachen wurden stark optimiert und ihre Performance entspricht nahezu der konventioneller Sprachen.

Aber der Unterschied ist nur gering

Auch wenn objektorientierte Programme manchmal eine geringe Geschwindigkeitseinbuße verursachen, ist es möglich, daß sie unter bestimmten Umständen die Geschwindigkeit sogar erhöhen. Die entscheidendste Beschleunigung erfolgt durch die Anwendung komplexer Informationen in einer Datenbank. Wenn die Informationen gemäß der relationalen Konvention in Tabellen gespeichert wird, die über Referenzen verknüpft sind, kann es ein zeitaufwendiger Prozeß sein, Daten zu speichern oder zu laden. Das Speichern dieser Strukturen als kombinierte Objekte ermöglicht den entsprechenden Zugriff in einem Bruchteil dieser Zeit.

Mit komplexen Informationen können sie sogar schneller sein

5. Verfügbarkeit qualifizierten Personals

Ein anderes Problem der objektorientierten Technologie ist, daß es nur sehr wenige Menschen gibt, die wirklich wissen, wie diese effektiv eingesetzt werden kann. Der offensichtlichste Aspekt dieses Problems ist der Mangel an erfahrenen objektorientierten Programmierern, aber das ist nur die Spitze des Eisbergs.

Es gibt nur wenige objektorientierte Programmierer

Da diese Technologie einen völlig anderen Ansatz in der Software-Entwicklung erfordert, müssen alle Projektmanager und Führungskräfte die Grundlagen der objektorientierten Entwicklung verstanden haben. Wenn dieses Verständnis nicht vorhanden ist, laufen die Unternehmen Gefahr, daß die objektorientierte Technologie eingesetzt wird, ohne daß die nötigen Investitionen in wiederverwendbare Klassen und Modelle oder in die Verwendung

Die Manager müssen auch mit der Technologie vertraut sein

KAPITEL 8

des schnellen Prototypings erfolgen. In diesem Fall wird die objektorientierte Technologie Sie enttäuschen, egal wie gut Ihre Programmierer sind.

Die Umstellung erfordert Schulungen und Erfahrung

Der Mangel an qualifiziertem Personal kann durch Neueinstellungen, Schulung oder einer Kombination von beidem gelöst werden. Die Schulung erfordert etwas mehr als die üblichen Programmierkurse. Die Umstellung auf die objektorientierte Technologie erfordert eine Ausbildung entsprechend der neuen Konzepte und Grundlagen. Diese Ausbildung muß jeder erfahren, der von dem Entwurf und der Erstellung neuer Systeme betroffen ist.

6. Kosten der Umstellung

Es kann erforderlich sein, neue Software und neue Hardware zu kaufen

Es gibt Kosten, die direkt dem Wechsel zur objektorientierten Technologie zugeordnet werden können. Die offensichtlichsten Kosten entstehen bei der Anschaffung neuer Programmiersprachen, Datenbanken und Werkzeuge, damit die objektorientierte Technologie überhaupt verwendet werden kann. Die Kosten für diese Sprachen und Werkzeuge sind jedoch denen der konventionellen Entwicklungssysteme vergleichbar. Größere Kosten verursacht der Kauf neuer Hardware. Da die meisten objektorientierten Systeme extensiven Gebrauch von Grafik machen, müssen die Unternehmen, die bisher vorwiegend zeichenorientierte Terminals für den Zugriff auf den Hauptrechner verwendet haben, Workstations oder PCs anschaffen.

Die Geschwindigkeit steigt mit dem Maß an Erfahrung

Die Schulung der Manager und der technischen Abteilung kann sehr kostenintensiv sein. Außerdem kann die Produktivität der Programmierer abnehmen, die gerade lernen, mit den neuen Konzepten und Techniken umzugehen. Die Erfahrung zeigt, daß die Programmierer zwar innerhalb von wenigen Wochen objektorientierte Programme schreiben können, daß ihre volle Produktivität

Abschätzung der Risiken und der Vorteile

aber erst nach etwa sechs oder mehr Monaten Erfahrung mit der neuen Technik wieder erreicht wird.

Eine anderer Kostenfaktor des objektorientierten Ansatzes – der oft bestritten wird – sind die Aufwendungen für die Erstellung einer Bibliothek wiederverwendbarer Klassen und wiederverwendbarer Modelle der entsprechenden Prozesse. Sie stellen den größten Aufwand bei der Umstellung dar, zahlen sich aber letztendlich aus, da sie eine Grundlage für den schnellen Einsatz der neuen Systeme schaffen. Außerdem enthalten sie einen versteckten Vorteil, der vielleicht erst im nachhinein entdeckt wird: der Prozeß der Erstellung von wiederverwendbaren Klassen und Modellen erfordert eine gründliche Untersuchung der Komponenten und Handlungsweisen des Unternehmens. Diese Analyse bietet neue Einsichten und kann sogar entscheidende Verbesserungen bewirken.

Es sind auch Investitionen für die Klassen und Modelle notwendig

7. Unterstützung höchster Modularität

Die Zusammenfassung von Methoden und Daten in Objekten ermöglicht eine völlig neue Unterstützung der Modularität bis in die tiefsten Ebenen. Leider unterstützt die objektorientierte Programmierung nur sehr begrenzt die Kombination von Objektgruppen zu größeren funktionalen Modulen. Kombinierte Objekte stellen den besten Mechanismus für die Erstellung großer Module dar, aber leider verstecken sie ihre Eigenschaften nicht so wie einfache Objekte. Externe Objekte können direkt auf die Objekte eines zusammengesetzten Objekts zugreifen, was eine Verletzung der grundlegenden Prinzipien der Modularisierung darstellt.

Modularität kann nur lokal erfolgen

Der Mangel an Struktur kann zu »Ravioli-Code« führen

Diesen Mangel an expliziten, spezialisierten Modulen können die Programmierer kompensieren, indem sie den direkten Zugriff auf zusammengesetzte Objekte nicht erlauben. Dennoch kann eine falsche Handhabung ein objektorientiertes Äquivalent dessen erzeugen, was vor der Entdeckung des strukturierten Programmierens gemeinhin als »Spaghetti-Code« bezeichnet wurde. Dieser Begriff leitet sich aus komplexen Mustern von Sprüngen und Schleifen ab, die sich durch ein Programm schlängeln und denen eigentlich nur ihr Programmierer folgen kann. Bei objektorientierten Programmen könnte man das, was entsteht, »Ravioli-Code« nennen – viele kleine, sauber strukturierte Objekte, die isoliert voneinander leicht zu verstehen sind, deren Interaktionen aber nicht zu verfolgen sind.

Ausgewogenheit

Die Technologie entwickelt sich sehr schnell

Die objektorientierte Technologie ist vielversprechend, aber die oben aufgeführten Nachteile können nicht einfach ignoriert werden. Glücklicherweise bewirkt die aktuelle Kommerzialisierung der Technologie viele Änderungen, die diese Nachteile beheben.

Anzeichen für das Reifen

Die Technologie wird stabilisiert und standardisiert

Standards für objektorientierte Systeme sind im Begriff der Entstehung. Offizielle Standardisierungs-Organisationen arbeiten daran, Standards für Smalltalk, C++ und andere objektorientierte Sprachen zu definieren. Außerdem haben die Hauptanbieter der objektorientierten Produkte ein Konsortium, die **Object Management Group (OMG)** gebildet, das die Bildung von Standards und von beliebig austauschbaren Objekten und Klassen vorantreibt. In der

Abschätzung der Risiken und der Vorteile

gesamten Wirtschaft versuchen die Unternehmen verstärkt, die verschiedenen Sprachen, Werkzeuge, Klassen-Bibliotheken und Datenbanken zu funktionierenden Lösungen zusammenzubauen.

Nachdem sich die Programmiersprachen immer mehr stabilisieren, beginnen die Anbieter, sich gegenseitig mit ihren Werkzeugen Konkurrenz zu machen. Diese Konkurrenz produziert bessere Werkzeuge und immer anspruchsvollere Entwicklungsumgebungen. Außerdem erfolgt ein Schub bezüglich der Entwicklungsanalyse und der Entwurfsmethoden für die objektorientierte Entwicklung. Ein paar Unternehmen bieten jetzt schon CASE-Produkte an, die diese neuen Methoden automatisieren.

Die Werkzeuge werden laufend verbessert

Dem Mangel an qualifiziertem Personal wird mit einer Vielfalt an Kursen sowohl in Universitäten als auch in privaten Schulungseinrichtungen entgegengewirkt. Außerdem sinken die Kosten für die Umstellung, da die Konkurrenz eine größere Produktpalette zu geringeren Preisen bewirkt. Obwohl gut entworfene wiederverwendbare Klassen immer noch Mangelware sind, gibt es eine immer größer werdende Auswahl, da die Unternehmen die neue Technologie annehmen und eine große Nachfrage produzieren.

Die Kosten fallen stetig

Die Entscheidung für einen Versuch

Die erste Entscheidung eines Unternehmens liegt darin, sich für oder gegen die objektorientierte Technologie zu entscheiden. In Anbetracht der bestehenden Bedenken kann es ein großes Risiko sein, zu schnell in die neue Technologie einzusteigen. Aber es kann auch ein Risiko sein, zu lange zu warten. Wenn die objektorientierte Technologie ihre Versprechungen hält, besitzen die Unternehmen, die jetzt schon umstellen, einen entschei-

Sowohl das Pro als auch das Kontra beinhalten ein Risiko

149

Erstellung eines Pilotprojekts

Eine vorsichtige Strategie wäre es etwa, ein Pilotprojekt zu starten

Die vorsichtigste Strategie ist es, beide Extreme, also entweder die Technologie zu ignorieren oder sie vorschnell für zentrale Systeme einzusetzen, zu vermeiden. Statt dessen können die Unternehmen eine kleine Investition in ein Versuchsprogramm vornehmen, um erste Erfahrungen mit der objektorientierten Entwicklung zu machen. Dieser Ansatz erlaubt es den Unternehmen, eigene Abschätzungen des Werts der Technologie zu erstellen, womit die Unternehmen einen entscheidenden Schritt gemacht hätten, wenn sie in Zukunft auf die objektorientierte Technologie umsteigen wollen.

Erkennen aller Möglichkeiten der objektorientierten Technologie

Der einzige Weg, alle Möglichkeiten des objektorientierten Ansatzes zu erkennen, ist, die Methode als solche einfach einmal einzusetzen. Nehmen Sie eine Menge von Operationen und ein funktionierendes Modell, und erstellen Sie eine kleine Bibliothek wiederverwendbarer Klassen. Dann verwenden Sie dieses Modell, um nacheinander verschiedene Anwendungs-Probleme zu lösen, indem Sie das schnelle Prototyping anstelle des Entwicklungs-Zyklus der konventionellen Software verwenden. Spätestens nach der dritten Anwendung werden Ihnen die Vorteile des objektorientierten Ansatzes völlig klar sein.

Ein kontrollierter Vergleich hilft, die Vorteile zu bewerten

Wenn Sie die Vorteile der objektorientierten Technologie bewerten wollen, bevor Sie die Pilot-Phase fortführen, sollten Sie einen Vergleich mit parallel angewendeten, konventionellen Entwicklungs-Methoden durchführen. Nur wenige Unternehmen haben das schon getan, obwohl dieser Vergleich nur eine kleine Investition darstellt, im Vergleich zu den potentiellen Kosten und Vorteilen, wenn diese Technologie wirklich eingesetzt wird.

Abschätzung der Risiken und der Vorteile

Sie können das Experiment ganz einfach durchführen, indem Sie eine eigenständige Gruppe von Programmierern beauftragen, die dritte Anwendung mit konventionellen Entwurfs- und Programmier-Methoden auszuarbeiten. Um das Experiment nicht durch etwaige heldenhafte Einsätze zu verfälschen, vergewissern Sie sich, daß keine der Gruppen ahnt, daß es sich um ein kontrolliertes Experiment handelt. Wenn beide Systeme fertig sind, beauftragen Sie einen objektiven Begutachter, der diese vergleicht, und zwar in Hinblick auf Programmgröße, Ausführungsgeschwindigkeit, Ressourcenbeanspruchung, Entwicklungszeit, Fehlerhäufigkeit und generelle Qualität. Dieser Vergleich bringt Ihnen sicher umfassende Beweise für die Vorteile der objektorientierten Methode.

Lassen Sie dieselbe Anwendung auch noch von einer zweiten Gruppe durchführen

Für einen sehr gewissenhaften Test können Sie eine Liste von Änderungswünschen für die fertige Anwendung vorbereiten, und beobachten, wie einfach jedes der beiden Teams seine Anwendung an die neuen Anforderungen anpassen kann. Behandeln Sie diese Veränderungen wie ein zweites Entwicklungs-Projekt und sammeln Sie dieselben Informationen wie vorher. Für die Analyse der Kosten/Vorteile ist diese zweite Messung noch wichtiger als die erste, da die Kosten für die Änderung von Software normalerweise die ursprünglichen Entwicklungs-Kosten übersteigen.

Bitten Sie beide Gruppen, Änderungen durchzuführen

Das Fazit

Wenn Sie die Kosten und die Vorteile vergleichen, dann ist der objektorientierte Ansatz deutlich überlegen. Es scheint, als ob die objektorientierte Technologie einen viel besseren Weg zur Konstruktion von Software weist, und sie verspricht glaubwürdig eine Lösung der Software-Krise.

Die Vorteile scheinen die Kosten zu überwiegen

KAPITEL 8

Die Entscheidung treffen Sie selbst

Aber diese Überlegenheit führt nicht unbedingt zu einer Entscheidung. Jeder, der Zeuge von in der Vergangenheit plötzlich auftauchenden und ebenso plötzlich wieder verschwindenden »Allheil«-Technologien war, weiß, daß es schwer ist, all diese Versprechungen ernst zu nehmen. Das Fazit ist: da der objektorientierte Ansatz so umfassend ist, sollte jedes Unternehmen, das eine eigene Software-Abteilung hat, für sich selbst diese neue Technologie ausprobieren und die Vorteile abschätzen. Da dies immer mehr Firmen tun, wird die Überlegenheit der objektorientierten Technologie bald nicht mehr dem Reich der Märchen und Sagen angehören, sondern als selbstverständliche Tatsache gelten.

KAPITEL 9
Die Zukunft der Software

Die objektorientierte Technologie hat die Art und Weise, wie wir Software *erstellen*, bereits verändert, und sie fängt gerade an, auch die Art und Weise zu verändern, wie wir unsere Software *entwerfen*. Bald wird sie das Wesen der Software ändern, in etwas, das wir heute wahrscheinlich gar nicht erkennen könnten. Hier finden Sie ein paar der zu erwartenden Änderungen.

Das ursprüngliche Wesen der Software ändert sich

Zusammengewürfelte Software

Da die objektorientierte Technologie immer weiter verbreitete Anwendung findet, wird sich die Definition eines Programms grundlegend ändern. Mit der Ausnahme von einigen Paketen für den Großrechner werden Programme normalerweise als »abgeschlossene Systeme« entwickelt. Alle Bestandteile des Programms werden von den Entwicklern erstellt und zu der endgültigen Form zusammengestellt, bevor das Programm verkauft wird. Obwohl es Kunden gibt, die gerne einige Anpassungen hätten, haben sie keine Möglichkeit, das Programm physikalisch zu verändern und es damit auf ihren eigenen Bedürfnisse abzustimmen.

Programme sind normalerweise abgeschlossene Systeme

Die objektorientierte Technologie könnte diese Situation vollständig umkehren. Unter den richtigen Voraussetzungen können Objekte jederzeit miteinander kombiniert werden, auch während das Programm läuft. Auf diese Weise ist es möglich, Programme, die sich bereits im Einsatz befinden, weiterzuentwickeln. Die einzelnen Teile müssen nicht gleichzeitig, und auch nicht vom selben

Die Objekt-Technologie mach offene Systeme möglich

153

Anbieter gekauft werden. Solange die Teile kompatibel sind und die angeforderten Funktionen erfüllen, können die Kunden sie in jeder beliebigen Kombination verwenden, ganz nach ihren Anforderungen.

Das ist den offenen Hardware-Systemen vergleichbar

Dieser Durchbruch in der Software-Konfiguration könnte denselben befreienden Effekt haben wie ihn die offenen Systeme für die Hardware hatten. Heutzutage können Sie praktisch in alle Computer bestimmte Boards in die dafür vorgesehenen Slots einsetzen. Sie können Hardware wie Bildschirme, Drucker, Scanner und Netzwerkschnittstellen beliebig kombinieren, und jedes dieser Geräte gemäß seiner Leistung, dem Anbieter und dem Preis auswählen.

Offene Systeme sind kompliziert aber flexibel

Da alle Komponenten in jeder beliebigen Kombination funktionieren sollen, macht der Ansatz der offenen Systeme allen Betroffenen das Leben schwer, von den Herstellern über die Verkäufer hin zu den Anwendern. Aber die die daraus entstehende Anpassungsfähigkeit rechtfertigt diese Schwierigkeiten mehr als genug. Trotz vieler Klagen zeigen die Kunden eine überwältigende Vorliebe für offene Systeme.

Dasselbe wird für die Software passieren

Die objektorientierte Technologie verspricht, die selbe Entwicklung zur Offenheit, zusammen mit den selben Komplikationen und den selben Vorteilen. Nehmen Sie zum Beispiel an, daß die Anwender-Oberflächen von den Programmen getrennt werden, die sie benutzen. Sie könnten eine einzige Oberfläche kaufen, die hinsichtlich dem Aussehen und der Benutzerfreundlichkeit Ihren Anforderungen entspricht, und all Ihre Programme könnten automatisch diese Oberfläche verwenden. In ähnlicher Weise könnten Sie eigenständige Hardware-Schnittstellen kaufen, die die einzelnen Komponenten steuern und die von Ihrer Software automatisch verwendet werden. Der Anbieter eines gebräuchlichen Bildschirms könnte zum Beispiel ein paar Driver-Objekte anbieten, und

Die Zukunft der Software

damit sicher stellen, daß alle Programme den Bildschirm korrekt benutzen würden.

Offene Software-Systeme

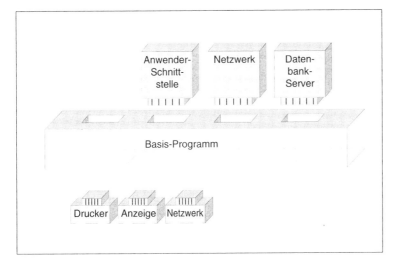

Selbstverständlich schafft die offene Software auch Probleme. Egal wie exakt die Standards definiert sind, es wird immer Mißverständnisse geben – etwa Anwender-Oberflächen, die eine bestimmte Funktion nicht unterstützen, oder Programme, die die Möglichkeiten eines neuen Bildschirms nicht nutzen. Aber offene Software schafft auch Erleichterungen. Das größte Ärgernis ist, daß jedes neue Programm »installiert« werden muß, wobei es konfiguriert werden muß, damit es die vorgegebene Hardware-Kombination entsprechend nutzt. Es wäre viel einfacher, wenn Sie für jedes Gerät nur das entsprechende Oberflächen-Objekt laden müßten, und sich Ihre Programme dann automatisch anpassen würden.

In einigen Fällen ist dies eine große Erleichterung

Letztlich würden offene Software-Systeme viel mehr Neuerungen unterstützen. Die meisten Anwendungsprogramme sind heute so komplex, daß nur kompetente Software-Hersteller ganze Systeme entwickeln können. Aber diese Systeme könnten in einzelne Komponenten

Offene Software könnte Neuerungen unterstützen

unterteilt werden. Die Komponenten verschiedener Hersteller könnten miteinander kombiniert werden, und die kleinen, innovativen Entwickler wären auch wieder im Geschäft – und das wäre ein Vorteil für jedermann.

Die Kombination von Programmen und Datenbanken

Programme können mit Datenbanken kombiniert werden

Eine weitere Neuerung, die mit der objektorientierten Techologie erfolgen könnte, ist eine allmähliche Vereinigung von Programmen und Datenbanken. Das hört sich vielleicht wie eine abstruse Idee an, könnte sich aber als einer der wichtigsten Vorteile der objektorientierten Bewegung herausstellen.

Das Trennen von Prozeduren und Daten widerspricht der Modularität

Bis vor kurzem war die Trennung von Informationen zwischen Programmen und Datenbanken ziemlich streng: Prozeduren wurden in Programme integriert, die Daten wanderten in die Datenbanken. Aber diese Teilung ist ein direkter Widerspruch zum modularen Programmieren, das erfordert, daß verwandte Daten und Prozeduren zusammen abgespeichert werden. Die Auswirkungen dieses Widerspruchs werden immer deutlich, wenn die Datenbank-Struktur verändert werden soll. Wenn hunderte oder tausende von Programmen eine gemeinsam benutzte Datenbank verwenden, könnten die Konsequenzen einer minimalen Änderung von einer kleinen Unannehmlichkeit bis hin zu einem riesigen Desaster reichen.

Prozeduren in Objekt-Datenbanken verhindern diesen Widerspruch

Die einzige Möglichkeit, diesen Widerspruch in der Modularität zu umgehen, ist die Unterscheidung zwischen Programmen und Datenbanken zu aufzulösen und zu erlauben, daß verwandte Daten und Prozeduren gekapselt werden, egal zu welchen Anwendungen sie gehören. Die aktive Objekt-Datenbank, die eine vollständige Program-

Die Zukunft der Software

miersprache enthält, und die es ermöglicht, Funktionen direkt auf der Datenbank auszuführen, ist ein ganz natürliches Hilfsmittel, das diese Vereinigung unterstützt. Die Datenbanken können vollständige Anwendungen enthalten, mit allen Prozeduren und mit allen Daten.

Das Speichern von Prozeduren in Objekt-Datenbanken bringt noch andere wertvolle Vorteile mit sich. Nicht wie Programm-Dateien, könnten Datenbanken viele wichtige Funktionen realisieren, so wie die Verfügbarkeit von Daten für alle Anwender, die Vermeidung von Konflikten bei gleichzeitigem Zugriff, den Schutz gegen unbeabsichtigtes Löschen und die Vereinfachung des Suchens und Ladens. Wenn Sie die Prozeduren einer Anwendung in einer Objekt-Datenbank speichern, profitieren diese automatisch von diesen Funktionen. Damit dient die Objekt-Datenbank sowohl als »Prozedur-Datenbank« wie auch als Datenbank, die bei dieser Vorgehensweise die entsprechenden Prozeduren und Daten miteinander abspeichert.

Es gibt auch noch andere wichtige Vorteile

Aber eine aktive Objekt-Datenbank ist mehr als nur eine »Prozedur-Datenbank«, weil die Prozeduren in der Datenbank tatsächlich ausgeführt werden können. Die Prozeduren sind immer verfügbar, wenn sie gebraucht werden, und nicht nur, wenn ein Anwendungs-Programm sie aus der Datenbank lädt und sie startet. Auch wenn die Prozeduren in der Datenbank ausgeführt werden, können alle anderen Anwendungen alle Prozeduren direkt aufrufen, und sie so wie Unterprogramme verwenden. Zusammen mit dieser oben beschriebenen, beliebig kombinierten Software ergibt das eine enorm flexibel Programmier-Umgebung.

Auf Anwendungen in Objekt-Datenbanken kann immer zugegriffen werden

Ein möglicher Einwand gegen die Einbettung von Applikationen in eine Objekt-Datenbank ist, daß damit eine Rückkehr in die Tage der althergebrachten Programmierung bewirkt werden könnte, als die wichtige Software auf einem zentralen Rechner lief und von professionellem

Das ist keine Rückkehr zur althergebrachten Programmierung

Personal verwaltet wurde. Die modernen Datenbanken können jedoch auf mehrere verschiedene Rechner verteilt sein, wodurch die Programmierer ihre Anwendungen lokal auf ihren eigenen Computern erstellen und ausführen können. Diese Anwendungen könnten wirklich so aussehen und sich so benehmen wie separate Programme. Der einzige Unterschied ist, daß bei der Erstellung direkt in der Datenbank diese Anwendungen die Ressourcen anderer Anwendungen in der Datenbank belegen könnten.

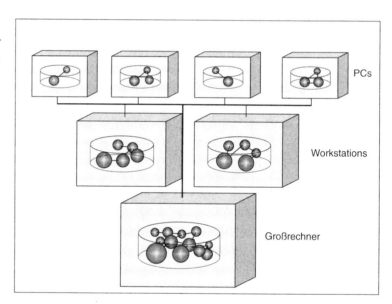

Verteilte Anwendungen in einer Objekt-Datenbank

Die gemeinsam verwendete Datenbank erlangt neue Bedeutung

Die Vorteile der Einbettung von Prozeduren in Objekt-Datenbanken überwiegen so stark, daß vielleicht bald ein beständiger Wechsel von Anwendungs-Programmen in verteilte Objekt-Datenbanken zu beobachten ist. Diese allmähliche Vermischung von Programmen und Daten wird die Rolle der gemeinsam verwendeten Datenbanken grundlegend verändern. Was zuvor eine passive Ansammlung von Daten war, wird nun zu einem akiven Medium für die Verwaltung nicht nur von Daten, sondern

Die Zukunft der Software

auch von Vorgehensweisen und Prozeduren, die die Operationen des Unternehmens steuern.

Der Beginn der Unternehmens-Modellierung

Ein zentraler Grundsatz des objektorientierten Ansatzes ist, daß die Anwendungen aufgrund von Modellen erstellt werden sollten, wobei jedes Modell für mehr als eine Anwendung verwendet werden kann. Aber wenn Sie für mehrere Anwendungen in einer Objekt-Datenbank dasselbe Modell verwenden, passiert etwas interessantes: die Anwendungen verflechten sich so stark, daß sie beginnen, ihre eigene Identität zu verlieren. Und tatsächlich sind die Anwendungen dann nichts weiter als verschiedenartige Implementierungen desselben Modells. Damit bewegt sich das Zentrum der Programmierung von der Entwicklung separater Anwendungen hin zu einer Verbesserung und Verwendung gemeinsam benutzer Modelle.

Die Anwendungen in Objekt-Datenbanken können miteinander kombiniert werden

Diese Entwicklung macht deutlich, daß eine neue Art zu Programmieren entstanden ist, mit neuen Zielen und neuen Techniken. Anstatt laufend separate Anwendungsprogramme zu erstellen, kann sich ein Unternehmen auf die Entwicklung und Wartung funktionierender Modelle seiner Geschäftsvorgänge konzentrieren, und mit der Zeit diese Modelle neuen Anforderungen anpassen. Dieser modell-gestützte Ansatz zum gemeinsamen Programmieren nennt man **Unternehmens-Modellierung**.

Das führt zu einer neuen Art von Programmierung

KAPITEL 9

Ein Unternehmens-Modell

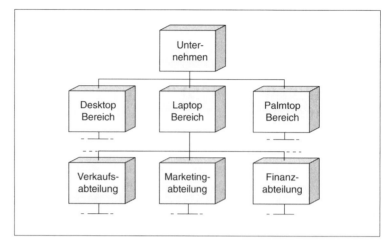

Objekt-Technologie ist für die Unternehmens-Modellierung ideal

Das Konzept der Unternehmens-Modellierung gibt es schon seit einigen Jahren. Mit der Verfügbarkeit von Objekt-Datenbanken erhält es heute neuen Auftrieb. Die objektorientierte Technologie eignet sich hervorragend für die Unternehmens-Modellierung, da sie die gemeinsam benutzen Prozeduren gleich mit den dazugehörigen Daten abspeichert. Und die Objekt-Datenbanken bilden das wichtigste Medium für die Verteilung und für die gemeinsame Benutzung sehr großer Modelle.

Unternehmens-Modelle bieten eine bessere Repräsentation

Unternehmens-Modelle können auf mehreren verschiedenen Ebenen verwendet werden. Auf der niedrigsten Ebene können sie das erledigen, was Datenbanken schon immer erledigt haben – Informationen über das Unternehmen speichern und laden. Aber diese Modelle können das viel besser als herkömmliche Datenbanken, weil sie die Struktur und die Operationen des Unternehmens direkt widerspiegeln.

Die Zukunft der Software

Unternehmens-Modelle können auch für Simulationen von Operationen im Unternehmen verwendet werden. Damit können Manager Planspiele durchführen, was die simulierte Aktion für ihr ganzes Unternehmen bewirken würde. Sie können organisatorische Strukturen verändern, neue administrative Prozeduren ausprobieren oder Ressourcen neu zuweisen, und dann die Auswirkungen dieser Veränderungen auf das Unternehmen untersuchen. Derartige Simulationen erlauben eine viel bessere Planung als die einfachen numerischen Hochrechnungen, die heutzutage von den meisten Unternehmen verwendet werden.

Sie können auch dazu verwendet werden, das Unternehmen zu simulieren

Letztlich können die Unternehmens-Modelle viele Prozeduren automatisieren, die jetzt von Hand erledigt werden. Das Dokumenten-Verwaltungs-System, das in Kapitel 6 beschrieben wurde, ist ein gutes Beispiel dafür. Dieses System konnte Kaufaufträge, Konstruktions-Diagramme, Projekt-Pläne und andere Dokumente, die das Unternehmen betreffen, zur Ansicht, zur Zustimmung oder für ähnliche administrative Prozesse an die jeweils richtigen Stellen weiterleiten. Mit den multimedialen Fähigkeiten der Objekt-Datenbanken gibt es keinen Grund mehr dagegen, warum all diese Dokumente nicht in elektronischer Form verwaltet und erstellt werden sollten. Kurz gesagt, ein Unternehmens-Modell, das in einer verteilten Objekt-Datenbank eingesetzt wird, könnte die Vision des papierlosen Büros endlich zur Wirklichkeit machen.

Und sie können gemeinsam benutzte Prozeduren ausführen

ANHANG A
Zusammenfassung der Schlüsselkonzepte

Die objektorientierte Technologie besteht aus drei grundlegenden Mechanismen: Objekten, Nachrichten und Klassen.

Objekte

Die grundlegende Organisations-Einheit des objektorientierten Ansatzes ist das Objekt. Ein **Objekt** ist ein Software-»Paket«, das eine Menge verwandter Datenelemente und eine Menge von Prozeduren, **Methoden** genannt, für die Operationen auf diesen Datenelementen. Auf die Daten innerhalb eines Objekts kann nur mit den Methoden des Objekts zugegriffen werden, die alle Routineaufgaben erledigen, von der Ausgabe der aktuellen Werte, der Speicherung neuer Werte bis hin zur Durchführung von Berechnungen. Dieses Arrangement, man nennt es auch **Kapselung**, schützt die Daten vor der Zerstörung durch andere Objekte und verbirgt die Details der Low-Level-Implementierung vor dem Rest des Systems.

Objekte kombinieren Prozeduren und Daten

Wenn neue Objekt-Typen einmal definiert sind, können sie innerhalb eines Programms als elementare Daten-Typen verwendet werden, genauso wie eingebaute Daten-Typen, die Zahlen, Daten und andere elementare Informationen verwalten. Diese Fähigkeit, neue, komplexe Daten-Strukturen je nach Bedarf zu erstellen und sie im weiteren Programm zu verwenden, wird **Daten-Abstraktion** genannt. Daten-Abstraktion ist für den objektorientierten Ansatz von

Objekte stellen komplexe Daten-Strukturen zur Verfügung

großer Wichtigkeit, da sie es den Programmierern erlaubt, in der Terminologie des Problems zu denken, das es zu lösen gilt, und nicht in den Datentypen der Programmiersprache.

Nachrichten

Objekte kommunizieren über Nachrichten

Objekte kommunizieren mit anderen Objekten über Nachrichten. Eine **Nachricht** besteht einfach aus dem Namen des Empfänger-Objekts und dem Namen einer seiner Methoden. Eine Meldung ist eine Anfrage an das Empfänger-Objekt, die angegebene Methode auszuführen und das Ergebnis dieser Aktion zurückzugeben.

Dieselbe Nachricht kann von verschiedenen Objekten unterschiedlich aufgefaßt werden

Beliebig viele Objekte können ein und dieselbe Methode beinhalten, und jedes davon kann diese Methode entsprechend seiner speziellen Bedürfnisse einsetzen. Das ermöglicht es, eine bestimmte Nachricht an viele verschiedene Objekte zu schicken, ohne daß man sich darum kümmern muß, wie die Nachricht aufgefaßt wird, und ohne daß man wissen muß, welches Objekt sie überhaupt erhält. Die Möglichkeit, Details der Implementation hinter einem Nachrichten-Interface zu verbergen, ist auch als **Polymorphismus** bekannt. Polymorphismus macht den objektorientierten Ansatz sehr flexibel, da er es ermöglicht, einem bereits vollständigen System neue Objekt-Arten hinzuzufügen, ohne daß die bereits existierenden Prozeduren neu geschrieben werden müssen.

Zusammenfassung der Schlüsselkonzepte

Klassen

Objektorientierte Programmierung unterstützt die wiederholte Verwendung von gemeinsamen Objekt-Typen in Klassen. Eine **Klasse** ist ein allgemeiner Prototyp, der die Eigenschaften ähnlicher Objekte beschreibt. Die Objekte, die einer bestimmten Klasse angehören, heißen **Exemplare** dieser Klasse.

Klassen beschreiben die Eigenschaften von Objekten

Mithilfe von Klassen ist die Definition von Objekten sehr effizient. Die Methoden und Variablen für eine Klasse werden nur einmal definiert, in der Klassen-Definition, und sie müssen nicht für jedes Exemplar der Klasse wiederholt werden. Die Exemplare enthalten nur die aktuellen Werte der Variablen.

Das ist eine effiziente Einrichtung

Obwohl es möglich ist, Klassen unabhängig voneinander zu definieren, werden sie normalerweise als Spezialfälle, **Unterklassen** genannt, von anderen Klassen definiert. Über einen Mechanismus, der **Vererbung** genannt wird, können alle Unterklassen einer bestimmten Klasse alle Methoden und Variablen dieser Klasse benutzen. Die Vererbung verbessert die Effizienz des Klassen-Mechanismus noch deutlicher: ein bestimmtes Verhalten, das typisch für größere Objekt-Gruppen ist, wird nur einmal ausprogrammiert, und zwar in der Definition der übergeordneten Klasse, und die Unterklassen übernehmen dieses Verhalten einfach oder passen es ihren speziellen Anforderungen an.

Klassen können Eigenschaften erben

Unterklassen können beliebig verschachtelt werden, und die Vererbung pflanzt sich durch alle Ebenen fort. Die entstehende, baumähnliche Struktur wird auch als **Klassen-Hierarchie** bezeichnet. Einige Programmiersprachen erlauben es einer Klasse, Eigenschaften von mehr als einer Oberklasse zu erben, das wird als **Mehrfach-Vererbung** bezeichnet. Dieses Feature verkompliziert die Dinge, da es mehrfach überlappende Hierarchien erstellt, aber gleichzeitig verspricht es flexiblere Beziehungen.

Klassen-Hierarchien ermöglichen die effiziente Definition von Klassen

ANHANG B
Glossar

Ein Akronym für Sprachen der vierten Generation (fourth-generation language).	4GL
Eine Klasse, die keine Exemplare besitzt, und die nur für die Organisation einer Klassen-Hierarchie erstellt wird oder zur Definition von Methoden und Variablen, die in untergeordneten Klassen verwendet werden. Der Begriff »virtuelle Klasse« umschreibt dasselbe Konzept.	Abstrakte Klasse
Ein Datentyp, der von einem Programmierer definiert wird, und der nicht in die Programmiersprache eingebaut ist. Abstrakte Datentypen werden normalerweise zur Erstellung komplexer Strukturen verwendet, die realen Objekten entsprechen, die in einem Programm dargestellt werden müssen.	Abstrakter Datentyp
Ein Begriff, den die Hersteller für eine Beschreibung aller Bestandteile eines Produkts verwenden. Jede Komponente des Produkts wird als Liste von Unterkomponenten dargestellt. Jede Unterkomponente wird wiederum als Liste von Unterkomponenten dargestellt, usw. bis die elementaren Bestandteile erreicht sind.	Stückliste
Eine objektorientierte Programmiersprache, die in den frühen 80er Jahren in den AT&T Bell Laboratories entwickelt wurde. C++ ist eine »hybride« Sprache, deren objektorientierte Bestandteile auf eine bereits existierende Sprache aufsetzten (C).	C++
Ein Akronym für Computer Aided Software Engineering, eine Zusammenstellung von Software-Werkzeugen, die den Entwurf und die Programmierung von Software-Systemen automatisieren oder unterstützen.	CASE

Klasse	Eine Schablone für die Definition der Methoden und Variablen für einen bestimmten Objekt-Typ. Alle Objekte einer bestimmten Klasse sind in ihrem Aussehen und ihrem Verhalten gleich, ihre Variablen enthalten jedoch unterschiedliche Werte.
Klassen-Hierarchie	Eine Baumstruktur, die die Beziehungen zwischen Mengen von Klassen darstellt. Klassen-Hierarchien haben immer einen Vater-Knoten (der aus der Klasse *Objekt* bestehen kann), im Baum eine beliebige Anzahl von Ebenen und auf jeder Ebene beliebig viele Klassen.
Klassen-Methoden	Eine bestimmte Art von Methoden, die aufgerufen wird, indem eine Meldung an eine Klasse statt an eines ihrer Exemplare geschickt wird. Klassen-Methoden führen normalerweise Aufgaben aus, die auf Exemplar-Ebene nicht durchgeführt werden dürfen oder sollen. Beispiele für Aufgaben, die normalerweise von Klassen-Methoden erledigt werden, sind das Erstellen und das Zerstören von Exemplaren.
Klassen-Variablen	Eine bestimmte Art von Variablen, die ihren Wert in der Klassen-Definition und nicht in den Exemplaren der Klasse speichert. Klassen-Variablen verwalten Informationen, die für alle Exemplare gleich sind.
Zusammengesetztes Objekt	Ein Objekt, das ein oder mehrere andere Objekte enthält, normalerweise in Form von Referenzen auf diese Objekte. Diese Referenzen sind in den Variablen der Exemplare enthalten.
Datenabstraktion	Der Prozeß, neue, komplexe Daten-Typen zu erstellen, die den Anforderungen einer bestimmten Anwendung oder eines bestimmten Programms entsprechen.
Datentyp	Eine generische Beschreibung einer elementaren Informations-Einheit in einem bestimmten Software-System. Typische Datentypen enthalten ganze Zahlen, Dezimalzahlen, Währungsformate und Text. Es können auch

Glossar

komplexere Typen definiert werden, wenn abstrakte Daten-Typen unterstützt werden.

Ein Programm, das eine Menge von verwandten Informationen in Dateien verwaltet und den Zugriff auf sie regelt. Datenbank-Manager stellen viele Dienste zur Verfügung, wie etwa die Regelung des gleichzeitigen Zugriffs von mehreren Anwendern, das Verweigern des Zugriffs für unberechtigte Anwender und den Schutz der Daten gegen Zerstörung oder versehentliches Löschen.	Datenbank-Management-System
Ein Akronym für Datenbank-Management-System.	DBMS
Eine Technik, mit der Daten zusammen mit den zugehörigen Prozeduren abgespeichert werden. In der objektorientierten Technologie ist der Mechanismus für die Kapselung das Objekt.	Kapselung
Das Erstellen und Verwenden eines funktionierenden Modells einer Organisation, um die Prozesse in der Organisation zu verstehen und einige dieser Funktionen in Programmen zu implementieren.	Unternehmens-Modellierung
Ein Programm, das ein Fachgebiet menschlicher Erfahrung beschreibt, und zwar als Menge von Regeln, durch deren Anwendung neue Probleme gelöst werden sollen. Expertensysteme werden dazu benutzt, Krankheiten zu diagnostizieren, Bodenschätze zu lokalisieren, Hardware-Systeme zu konfigurieren, und für viele weitere Aufgaben.	Expertensystem
Eine Programmiersprache, die die Anforderungen an das System als Eingabe verwendet und daraus als Ausgabe ein Programm erstellt, das diesen Anforderungen gerecht wird. Diese Sprachen, auch 4GLs genannt, sind besonders für einfache Prozeduren nützlich, wie etwa für die Erstellung von Menüs, Formularen und Berichten.	Sprache der 4. Generation
Eine Technik für die Analyse einer Menge von Anforderungen und für den Entwurf eines Programms, das diesen Anforderungen gerecht wird. Das generelle Ziel des	Funktionale Zerlegung

ANHANG B

Programms wird in eine Folge kleiner Schritte zerlegt, die schließlich zu diesem Ziel führen. Jeder Schritt wird dann weiter in noch elementarere Schritte zerlegt usw. Jede der auf diese Weise entstandenen Komponenten wird als separates Modul programmiert.

Hierarchisches Datenmodell
Ein Schema für die Definition von Datenbanken, in denen die Datenelemente in hierarchischen Strukturen angeordnet sind. Das hierarchische Modell wurde in den 60er Jahren entwickelt und war der gebräuchlichste Datenbank-Typ, bis zehn Jahre später das Netzwerk-Modell entwickelt wurde.

Image-Datei
Eine bestimmte Datei, die von Smalltalk dazu verwendet wird, den Status des Systems komplett zu speichern, inklusive aller aktuellen Klassen und Objekte, dem Bildschirminhalt, allen noch nicht abgearbeiteten Befehlen und einer Übersicht über die letzten Aktivitäten.

Verbergen von Informationen
Die Technik, die internen Details eines Moduls für andere Module unsichtbar zu machen. Dadurch werden die Module vor Störungen von außen geschützt, und es wird verhindert, daß sich andere Module auf interne Details dieses Moduls beziehen, die sich mit der Zeit verändern könnten.

Vererbung
Ein Mechanismus, durch den Klassen alle Methoden und Variablen verwenden können, die in Klassen definiert wurden, die auf dem Pfad in der Klassen-Hierarchie über ihnen liegen.

Exemplar
Dieser Begriff bezeichnet ein Objekt, das einer bestimmten Klasse angehört. Zum Beispiel ist *Californien* ein Exemplar der Klasse *Staat*.

Exemplar-Methode
Die normale Methode, die aufgerufen wird, wenn eine Meldung an ein Exemplar und nicht an eine Klasse geschickt wird. Dieser Begriff wird normalerweise verwendet, um die normalen (Exemplar-) Methoden von den

Glossar

weniger gebräuchlichen Klassen-Methoden zu unterscheiden.

Ein Signal von einem Objekt an ein anderes, das das Empfänger-Objekt auffordert, eine seiner Methoden auszuführen. Eine Nachricht besteht aus drei Teilen: dem Namen des Empfängers, der Methode, die ausgeführt werden soll und den Parametern, die die Methode zur Ausführung benötigt.
Nachricht

Eine Prozedur, die in einem Objekt vereinbart ist, und die anderen Objekten zur Verfügung gestellt wird, damit diese die Dienste des Objekts in Anspruch nehmen können. Die meiste (in manchen Programmiersprachen die ganze) Kommunikation zwischen Objekten findet über Methoden statt.
Methode

Ein allgemeiner Programmier-Ansatz, bei dem die Programme in Komponenten zerlegt werden, die man Module nennt. Jedes Modul enthält eigene Prozeduren und Daten. Der entscheidende Grundsatz des modularen Programmierens ist, daß die Module so weit als möglich voneinander unabhängig sein sollen, und daß sie möglichst wenig Interaktionen haben, die, falls welche vorhanden sind, sorgfältig kontrolliert werden.
Modulares Programmieren

Ein Schema für strukturierte Beziehungen zwischen Klassen, wobei jede Klasse eine beliebige Anzahl von Oberklassen haben kann. Die Anwendung von Mehrfachvererbung erlaubt beliebig viele Überlappungen der Klassen-Hierarchien, wodurch zwar die Struktur der Klassen-Bibliothek verkompliziert, aber mehr Flexibilität bei der Definition von Klassen erreicht wird.
Mehrfachvererbung

Ein Schema für die Definition von Datenbanken, in denen die Datenelemente beliebig untereinander verbunden werden können, und damit baumartige, komplexe Strukturen bilden. Das Netzwerk-Modell wurde in den 70er Jahren entwickelt, um die strukturellen Einschränkungen
Netzwerk-Daten-Modell

	des bereits existierenden hierarchischen Modells zu umgehen.
Objekt	Ein Software-»Paket«, das eine Menge zueinander in Beziehung stehender Daten (in Form von Variablen) und Methoden (Prozeduren) für die Verarbeitung dieser Daten enthält. Dieser Begriff wird in der Literatur inkonsequent verwendet, manchmal bezieht er sich auf Exemplare, manchmal auf Klassen. In diesem Buch wird der Begriff *Objekt* für ein bestimmtes Objekt einer Klasse verwendet und drückt auch die Eigenschaften dieser Klasse aus. So kann man z.B. von dem Objekt *AGF104* sagen, daß es Methoden enthält, auch wenn diese Methoden tatsächlich nur in der Klasse *AutomatisiertesFahrzeug* definiert sind.
Objekt-Datenbank-Management-System	Ein Datenbank-Management-System, das speziell für das Speichern und Laden von Objekten anstatt von einfachen Datentypen verwendet werden kann.
ODBMS	Ein Akronym für Objekt-Datenbank Management System.
Objekt Management Group (OMG)	Ein Gruppe von Unternehmen, die die objektorientierte Technologie fördern und die Standardisierung dieser Technologie vorantreiben. OMG wird von Mitglieds-Unternehmen unterstützt, von denen die meisten objektorientierte Produkte verkaufen oder entwickeln.
Überladen	Die Zuordnung von mehreren Bedeutungen zu ein und demselben Methodennamen, wodurch eine einzige Nachricht verschiedene Funktionen bewirken kann, abhängig von dem dem Objekt, das sie empfängt, und von den mitgegebenen Parametern. Die Programmiersprache wählt automatisch die richtige Bedeutung aus, indem sie den Empfänger und die Anzahl und den Typ der Parameter überprüft.
Überfrachten	Eine bestimmte Art von Überladen, wobei einer Methode oder einer Variablen auf zwei oder mehreren Ebenen des gleichen Pfads in der Klassen-Hierarchie der gleiche Name

Glossar

zugewiesen wird. Wenn das der Fall ist, hat der Name, der in der Hierarchie weiter unten liegt, Priorität, er überschreibt die allgemeineren Definitionen aus höheren Stufen der Hierarchie.

Eine bestimmte Denkart über etwas, die sowohl das bewußte als auch unterbewußte Denken und Handeln beeifllußt. Paradigmen sind außerordentlich wichtig, da sie ein von der Kultur geformtes Modell für das Denken und Handeln prägen, aber sie können auch ein großes Hindernis für die Einführung neuer, besserer Ansätze sein. — Paradigma

Ein Umstieg von einem Paradigma auf ein anderes. Paradigmenwechsel müssen sich normalerweise gegen einen großen Widerstand durchsetzen, dem dann eine schrittweise Akzeptanz folgt, wenn die Überlegenheit des neuen Paradigmas offensichtlich wird. Die objektorientierte Technologie wird von vielen ihrer Befürworter als Paradigmenwechsel in der Software-Entwicklung betrachtet. — Paradigmenwechsel

Eine Programmiertechnik, bei der mehrere Aktionen zur gleichen Zeit ausgeführt werden können. Wenn diese parallele Verarbeitung durch die Software vorgegeben wird, simuliert der Computer gleichzeitige Aktivitäten, indem er schnell zwischen den einzelen Tasks hin- und herschaltet. Wenn die parallele Verarbeitung von der Hardware unterstützt wird, übernehmen die einzelnen Verarbeitungseinheiten je einen Teil des Programms und verarbeiten diese Teile wirklich simultan. — Parallele Verarbeitung

Ein Datenelement, das in einer Nachricht enthalten ist, um der entsprechenden Methode alle Informationen über die Art und Weise, wie sie die Aufgabe ausführen soll, zu geben. Eine Nachricht kann eine beliebige Anzahl von Parametern beinhalten, sie kann aber auch ohne Parameter übergeben werden. Ein anderer Begriff für Parameter ist »Argumente«. — Parameter

Polymorphismus	Die Möglichkeit, die Details der Implementierung hinter einer allgemeinen Schnittstelle versteckt zu halten, wodurch die Kommunikation zwischen den Objekten vereinfacht wird. So würde es beispielsweise die Definition einer einzigen *Druck*-Methode für alle Dokumententypen eines Systems erlauben, jedes dieser Dokumente einfach durch die Ausgabe der Nachricht *Druck* auszudrucken, ohne daß man sich darum kümmern muß, wie diese Methode für ein bestimmtes Dokument ausgeführt werden muß.
Prozedur	Eine Folge von Anweisungen an einer Computer, die angibt, wie eine bestimmte Aufgabe erledigt werden soll.
Schnelles Prototyping	Eine Technik der Software-Entwicklung, bei der ein Programm schrittweise als Folge von »Testversionen« erstellt wird, die sich langsam der gewünschten Funktionalität annähern. Schnelles Prototyping ist eine zentrale Eigenschaft der objektorientierten Technologie, es unterscheidet sich von dem herkömmlichen Prototyping dadurch, daß ein objektorientierter Prototyp nicht weggeworfen wird, sondern daß er so lange weiterentwickelt wird, bis er das gewünschte System darstellt.
Empfänger	Das Objekt, an das eine Nachricht geschickt wird. Ein Sender-Objekt übergibt dem Empfänger-Objekt eine Nachricht, dieses verarbeitet die Nachricht und gibt einen Rückgabewert zurück.
Relationales Datenmodell	Ein Schema für die Definition von Datenbanken, in denen die Datenelemente in Relationen organisiert sind, normalerweise als Zeilen in Tabellen. Das relationale Modell wurde in den 80er Jahren entwickelt, es sollte eine flexible Alternative zu den hierarchischen und den Netzwerk-Modellen darstellen, die nur schwer umstrukturiert werden konnten.

Glossar

Ein Objekt oder Datentyp, die ein Empfänger-Objekt an ein Sender-Objekt als Antwort auf eine Nachricht zurückgibt.	Rückgabewert
Das Objekt, das eine Nachricht verschickt. Ein Sender-Objekt schickt eine Nachricht an ein Empfänger-Objekt und wartet dann auf einen Rückgabewert.	Sender
Eine Computersprache, die in den 60er Jahren am Norwegischen Computer-Zentrum entwickelt wurde, um die Prozesse der realen Welt zu simulieren. Simula führte die Konzepte von Klassen, Objekten und abstrakten Datentypen sowie die objekt-basierte Unterstützung der parallelen Verarbeitung ein.	Simula
Ein Schema für die Strukturierung von Beziehungen zwischen Klassen, so daß jede Klasse nur eine Oberklasse hat. Einfache Vererbung stellt sicher, daß alle Klassen-Hierarchien einer einfachen Baumstruktur entsprechen.	Einfache Vererbung
Eine objektorientierte Programmiersprache, die in den frühen 70er Jahren im Xerox PARC (Palo Alto Research Center) entwickelt wurde. Smalltalk ist eine »reine« Implementation der objektorientierten Konzepte, da es von grund auf als objektorientiertes System erstellt wurde. Jede Entity des Systems wurde als Objekt implementiert.	Smalltalk
Ein Begriff, der zur Umschreibung der wachsenden Schwierigkeiten bei der Software-Entwicklung dient, da diese oft nicht schnell genug erfolgen kann, um mit den Anforderungen eines Unternehmens Schritt zu halten. Charakteristisch für die Software-Krise sind zu lange Lieferzeiten, Kostenüberschreitungen, hartnäckige Fehler und Systeme, die schwierig zu warten und zu modifizieren sind.	Software-Krise
Ein Menge von Techniken, die die Software-Entwicklung vereinfachen und die Qualität der entwickelten Systeme verbessern sollen. Typisch für die strukturierte	Strukturierte Programmierung

ANHANG B

	Programmierung sind das modulare Programmieren und die funktionale Zerlegung.
Unterklasse	Eine Klasse, die ein Spezialfall einer anderen Klasse ist. Zum Beispiel ist *Fuchs* ein Spezialfall von *Säugetier*.
Unterprogramm	Eine Folge von Anweisungen, die als separate Einheit in einem Programm definiert sind. Diese Einheit kann an jeder beliebigen Stelle des Programms aufgerufen werden, indem der Name der Einheit als Anweisung angegeben wird.
Oberklasse	Eine Klasse, die in der Klassen-Hierarchie höher steht als eine andere Klasse. Zum Beispiel ist *Säugetier* eine Oberklasse von *Fuchs*.
Trigger	Ein Software-Konstrukt, das die Werte von einem oder mehreren Datenenelementen überwacht, um kritische Ereignisse zu erkennen. Ein Trigger besteht aus drei Komponenten: einer Prozedur, die die Daten überprüft, wenn sie sich verändert haben, einer Reihe von Kriterien, die entscheiden, wann eine Meldung erfolgen soll, und einer oder mehrerer Prozeduren, die eine entsprechende Meldung erstellen können.
Variable	Ein Speicherplatz für ein Datenelement innerhalb eines Objekts. Das Datenelement kann ein eingebauter Datentyp wie eine Zahl oder ein Datum sein, oder eine Referenz auf ein anderes Objekt.
Virtuelle Klasse	Eine Klasse, die keine Exemplare besitzt. Sie wird nur für die Organisation der Klassen-Hierarchie oder für die Definition von Methoden und Variablen, die in untergeordneten Klassen benötigt werden, erstellt. Der Begriff »abstrakte Klasse« beschreibt denselben Sachverhalt.

ANHANG C
Informationen über GemStone

GemStone ist das Objekt-Datenbank Management System der Servio Corporation, die dieses Buch herausgegeben hat. GemStone wurde zum ersten mal 1987 vorgestellt, es kombiniert die Mächtigkeit der objektorientierten Technologie mit der Funktionalität und den Features eines industriellen, leistungsfähigen Datenbank-Management-Systems.

Unterstützung des Objekt-Paradigmas

Die Leser dieses Buch sollten darauf hingewiesen werden, daß GemStone das komplette Objket-Paradigma unterstützt. GemStone verwaltet nicht nur Objekte, sondern auch Methoden. GemStone stellt die Konsistenz zwischen den gespeicherten Objekten und den auf sie angewandten Methoden sicher. Außerdem erlaubt es GemStone, daß diese gespeicherten Methoden innerhalb des Datenbankservers ausgeführt werden. Durch die Unterstützung der Verkapselung innerhalb der Datenbank übertrifft GemStone die strukturellen Objekt-Server und entwickelt eine wirkliche Funktionalität für die Verwaltung von Objekten.

Flexibilität für eine sich permanent verändernde Welt

GemStone ist für eine Vielzahl von Hardware-Plattformen erhältlich, vom Desktop PC und Macintosh Computern über Workstations bis hin zu Minicomputern. Durch die

ANHANG C

Verwendung einer erweiterten Client/Server-Architektur unterstüzt GemStone eine Vielzahl von Netzwerk-Protokollen.

GemStone berücksichtigt die vorhandenen Investitionen in Datenbanken und Dateisysteme, da es Schnittstellen zur Verfügung stellt, die es den Anwendern erlauben, transparent auf die in diesen Systemen gespeicherten Daten zuzugreifen. Die Anwendungen können in vielen verschiedenen Sprachen programmiert werden, inklusive C, C++ und Smalltalk.

STICHWORTVERZEICHNIS

4GL 167
4GL 20

A

Abstrakte
　–, Datentypen 53
　–, Klasse 79, 167
Ada 71
Anbieter Klassen 121, 139
Anwendung
　– konvertionelle 20, 104, 151
　– objektorientierte 108, 127, 135, 151, 156

C

C++ 64, 80, 84, 120, 148, 167
CASE 18, 149, 167
Computer-Aided Software-Engineering 18, 167

D

Daten
　–, Abstraktion 95, 163, 168
　–, Definition 20
　– externe Speicherung 23
　– gemeinsam benutzte 24
　– gemeinsam bewerten 21
　– modularisieren 22
　–, Selbstüberwachung 106
　– speichern in Dateien 88
　– speichern in Datenbanken 89

　–, Strukturen 25
　–, Verwaltung 23
　–, Zugriffsroutinen 105
Datenbank
　– hierarchische 25, 170
　–, Netzwerk 26, 171
　–, relationale 27
Datenbank
　– intelligente 109
　–, Management-System 25, 169
　– relationale 174
Datentyp
　– abstrakt 53, 167
　– anwender-definiert 54
　– eingebaut 53
　–, Erweiterung 54
　–, Definition 168
DBMS 25

E

Einfache Vererbung 175
Eingebauter Datentyp 53
Empfänger 35, 61, 174
Exemplar
　–, Definition 37, 170
　–, Methode 170
　–, Schlüsselkonzept 165
　–, Variable 165
　– verwenden 72
Expertensystem 110, 169
Externe Datei 88

Stichwortverzeichnis

F
Funktionale Zerlegung 17, 169

I
Image-Datei 88, 170
Information
 –, Expertensysteme 110
 – speichern 23, 87, 88
 –, Struktur 47, 58, 71, 140, 161
 –, Verwaltung 20, 87
 – verwenden 35, 53

K
Kapselung
 –, Definition 49, 169
 – einfache Änderung 52
 – in Datenbanken 156
 –, Schlüsselkonzept 163
 –, Verbergen von Informationen 50
Klasse 168
 – abstrakte 79, 167
 –, Bibliothek 120, 131, 143, 147, 150, 171
 –, Definition 37, 168
 – eigene 121
 –, Entwurf 118
 – erstellen einer wiederverwendbaren 118
 – externe Anbieter 121
 –, Funktion 72
 –, Klassen-Hierarchie 168
 –, Methode 168
 –, Organisation 72
 –, Schlüsselkonzept 165
 –, Variable 37, 168
 – virtuelle 79, 176

Klassen-Hierarchien
 –, Definition 40, 168
 – erstellen 84
 – mehrfache 84
 –, Schlüsselkonzept 165

M
Mehrfachvererbung 171
Methode
 – benennen 65
 –, Definition 33, 171
 –, Exemplar 170
 –, Klasse 168
 – lokale 78
 – mehrstufige Definition 76
 –, Schlüsselkonzept 163
 – suchen 73
 – wiederverwenden 65
Modell
 – mehrfach benutzen 124
 – verwenden 44, 127, 136, 150
Modellierung
 – mit wiederverwendbaren Objekten 32, 160
 – physikalischer Objekte 32
 –, Unternehmen 159, 169
Modulares Programmieren 15, 171

N
Nachricht
 –, Antwort 63
 –, Definition 35, 171
 –, Empfänger 174
 –, Rückgabewert 63, 175
 –, Schlüsselkonzept 164
 –, Sender 175

Stichwortverzeichnis

–, Struktur 61
– zwischen Zellen 48
Nachteile der objektorientierten
 Technologie
 –, Ausführungsgeschwindigkeit 144
 –, Ausgereiftheit 142
 –, Kosten der Umstellung 146
 –, Mangel an Standards 143
 –, Mangel an qualifiziertem
  Personal 145
 –, Notwendigkeit besserer
  Werkzeuge 143
 –, Unterstützung höchster
  Modularität 147

O

Oberklasse
 –, Definition 39, 176
 –, Klassenhierarchie 74, 165
 –, Mehrfachvererbung 80
Object Management Group 148
Objekt
 –, Ähnlichkeit mit Zellen 47
 – als Baustein 44
 –, Datenabstraktion 95
 –, Definition 33, 172
 – gemeinsam verwenden 89
 –, Interaktion 35
 –, Management Group (OMG) 172
 –, Modularität 138
 – physikalisch modellieren 32
 –, Schlüsselkonzept 163
 – speichern in Datenbanken 89
 – speichern in Dateien 88
 – wiederverwenden 44
 – zusammengesetztes 56

Objekt-Datenbank
 – aktive 157
 –, Definition 92
 – einrichten 92
 – laden komplexer Daten 98
 –, Management-System-ODBMS
  92, 172
 – passive 101
Objekt-Datenbanken
 – aktive 102
 –, Flexibilität 96
 –, Selbstüberwachung 106
 –, Speichern komplexer
  Strukturen 93
 –, Standard-Zugriffsroutinen 105
Objektorientierte Technologie
 –, Anwendungen 87
 –, Nachteile 141
 –, Kombination von Programmen und
  Datenbanken 156
 –, Philosophie 43
 –, Pilotprojekt 150
 –, Software-Revolution 113
 –, Standards 149
 –, Unternehmens-Modellierung 159
 –, Ursprung 31
 –, Vorteile 135
ODBMS 172
OMG 148, 172

P

Paradigma
 –, Definition 116, 173
 –, Wechsel 116, 173
Parallele Verarbeitung 173
Parameter 35, 173

STICHWORTVERZEICHNIS

Pilotprojekt 150
Polymorphismus
 –, Definition 69, 174
 –, Schlüsselkonzept 164
 –, Unterstützung großer
    Systeme 140
Programm
 – automatische Erstellung 19
 –, Definition 15
 – gemeinsam verwendete Daten 103
 – konventionelles 117
 – modulares 16
 – neues Konzept 153
 – objektorientiertes 42, 86
 –, Routinen für den gemeinsamen
    Datenzugriff 104
 – strukturiertes 17, 176
Programmiersprache
 –, Ada 71
 –, C++ 42, 62, 64, 80, 84, 120,
    148, 167
 –, Simula 32, 175
 –, Smalltalk 42, 62, 80, 84, 88, 120,
    148, 175
Prototyping, Definition 174
Prozedur
 –, Definition 15, 174
 – intelligente Datenbanken 109
 –, Kombination mit Daten 32, 50
 –, Modularisierung 20, 22
 – Speichern in Objekt-
    Datenbanken 157

R
Rückgabewert 63, 175

S
Schleichende Feature-
  Entwicklung 132
Sender 35, 63, 175
Simula 32, 175
Smalltalk 62, 80, 84, 88, 120, 148, 175
Software
 –, Entwicklungs-Zyklen 43, 123, 151
 –, Erstellung 117
 – konventionelle 13, 116
 –, Krise 13, 87, 175
 –, Modellierung 43
 – objektorientierte 117
 –, Revolution 113
 –, Sprache der 4. Generation 169
Sprachen der 4. Generation 20
Strukturierte Programmierung 17, 175
Stückliste 98, 167

T
Trigger 107, 176

U
Überfrachtung 65
Überladen
 –, Definition 65, 172
 –, Informationen verstecken 68
 –, Überfrachten 172
 –, Unterstützung großer
    Systeme 140
Unterklasse, Definition 39, 176

Unterklasse
 –, Klassenhierarchie 75
 –, Schlüsselkonzept 165
Unternehmens-Modellierung 159, 169
Unterprogramm 16, 176

V

Variable
 –, Definition 33, 176
 –, Exemplare 165
 –, Klasse 37, 168
 – schützen 50
 – suchen 76
 –, Überwachung 106
 – verwenden 72
Verbergen von Informationen 50, 170
Vererbung
 –, Definition 39, 170
 – einfache 80, 175
 – in Expertensystemen 110
 – mehrfache 80, 171
 –, Objekt-Datenbanken 96
 –, Schlüsselkonzept 165
Virtuelle Klasse 79, 176
Vorteil der objektorientierten
 Technologie beschleunigte
 Entwicklung 136

Vorteil der objektorientierten
 Technologie
 –, bessere Anpassungsfähigkeit 141
 –, einfachere Wartung 138
 –, höhere Qualität 137
 –, reduzierte Kosten 138
 – verbesserte
  Informationsstrukturen 140
 – verbesserte Normierung 139

W

Wartung konventioneller Software 117
Wartung objektorientierter
 Software 138
Wasserfall-Methode 129
Werkzeuge Programmierung 143, 149

Z

Zelle
 –, Hierarchie 49
 –, Kapselung 50
 – natürlicher Baustein 47, 59
Zugriffsroutinen 105
Zusammengesetztes Objekt
 –, Definition 56, 168
 –, Modularität 147
 – speichern 93, 98